お年寄りとコミュニケーションが深まる!
楽しく盛り上がるレクリエーション100

原水文化

樂活暢銷修訂版 · NEW ·

全彩圖解

100種樂齡活動這樣玩!

開心動一動，減緩腦部退化、活化身體機能、提升生活品質

日本照護專家 加藤翼◎監修　賴光蘭◎總審定　高雅郁◎譯
社會福祉法人江壽會江戶川
Azalee Group

本書的特點與使用方式

本書整理出在高齡者照護機構等社會福利組織中所使用的 100 招「休閒活動」，並將之分成「運動類」、「腦力鍛鍊類」、「音樂律動類」、「手工藝與烹飪類」四大類。為了使社會福利團體的活動帶領者可以順利地運用這些招式，在每個活動開始之前，對於活動目的、架構、注意要點、以及執行中的禮貌等，都進行詳細說明。在開始之前，請務必事先確認喔！

人數
最佳參與人數，請依此建議人數，招募參加者並進行活動內容的調整。

時間
最佳進行時間。請依此建議，並依據參加者的狀況，彈性調整進行時間。

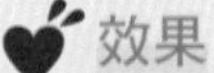

效果
每個招式的預設效果。參考此建議，適當的安排活動流程，讓所有人都能達到效果。

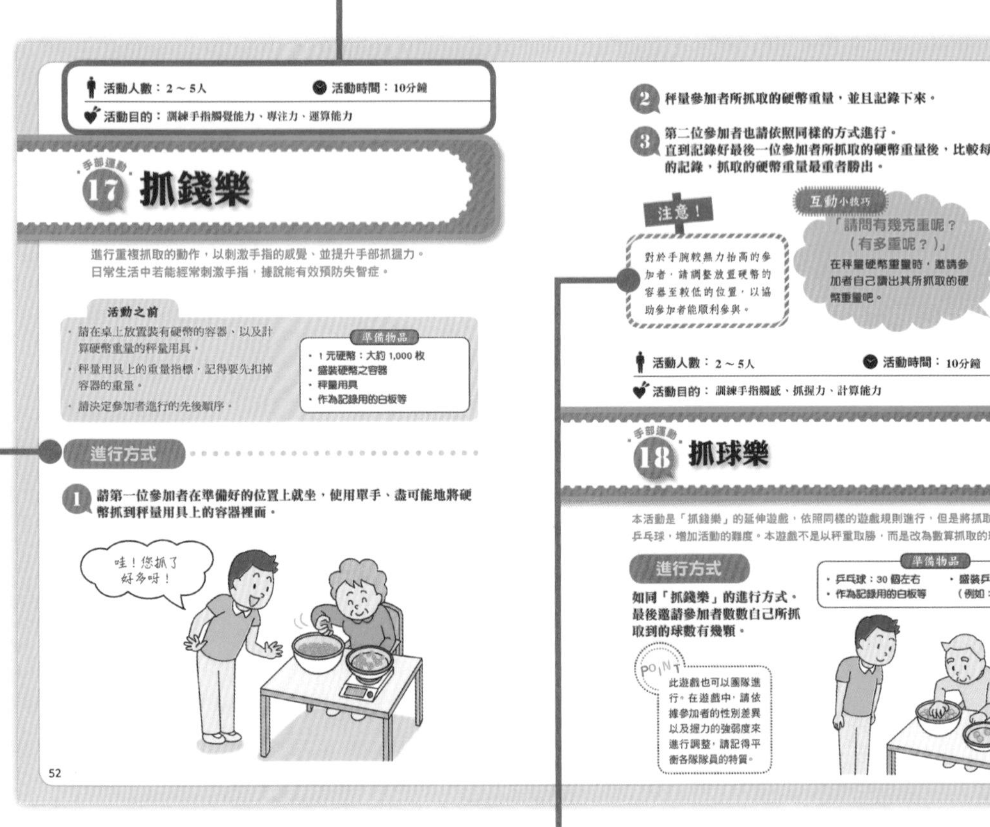

活動人數：2～5人　活動時間：10分鐘
活動目的：訓練手指觸覺能力、專注力、運算能力

手部運動 17 抓錢樂

進行重複抓取的動作，以刺激手指的感覺、並提升手部抓握力。
日常生活中若能經常刺激手指，據說能有效預防失智症。

活動之前
· 請在桌上放置裝有硬幣的容器、以及計算硬幣重量的秤量用具。
· 秤量用具上的重量指標，記得要先扣掉容器的重量。
· 請決定參加者進行的先後順序。

準備物品
· 1 元硬幣：大約 1,000 枚
· 盛裝硬幣之容器
· 秤量用具
· 作為記錄用的白板等

進行方式

1 請第一位參加者在準備好的位置上就坐，使用單手、盡可能地將硬幣抓到秤量用具上的容器裡面。

52

2 秤量參加者所抓取的硬幣重量，並且記錄下來。

3 第二位參加者也請依照同樣的方式進行。
直到記錄好最後一位參加者所抓取的硬幣重量後，比較每位參加者的記錄，抓取的硬幣重量最重者勝出。

注意！
對於手腕較無力抬高的參加者，請調整放置硬幣的容器至較低的位置，以協助參加者能順利參與。

互動小技巧
「請問有幾克重呢？（有多重呢？）」
在秤量硬幣重量時，邀請參加者自己讀出其所抓取的硬幣重量吧。

活動人數：2～5人　活動時間：10分鐘　延伸活動
活動目的：訓練手指觸感、抓握力、計算能力

手部運動 18 抓球樂

本活動是「抓錢樂」的延伸遊戲，依照同樣的遊戲規則進行，但是將抓取物換成乒乓球，增加活動的難度。本遊戲不是以秤重取勝，而是改為數算抓取的球數。

進行方式

如同「抓錢樂」的進行方式。最後邀請參加者數數自己所抓取到的球數有幾顆。

準備物品
· 乒乓球：30 個左右
· 作為記錄用的白板等
· 盛裝乒乓球之容器（例如：碗）

POINT
此遊戲也可以團隊進行。在遊戲中，請依據參加者的性別差異以及握力的強弱度來進行調整，請記得平衡各隊隊員的特質。

◎手部運動類 17 抓錢樂／18 抓球樂

小型活動

準備多

53

進行方式
詳細說明活動進行方式。為了讓參加者可以理解，請在事前詳細說明活動的進行方式，並解釋活動規則。

注意！
說明活動進行中需要特別注意的要點。活動帶領者需在周邊時時留意，像是預防跌倒或是隨時注意參加者的狀態等。

延伸活動
可以在基本活動中延伸內容，增加活動的豐富度，讓參加者不會玩膩，保持參加的樂趣。

說明參加者在做了這些活動之後，可以獲得什麼樣的效果。

互動小技巧

運用溝通及互動小妙招，提升參與動機。為了營造歡樂的活動氣氛，請工作人員積極地以您充滿元氣的聲音與大家互動吧！

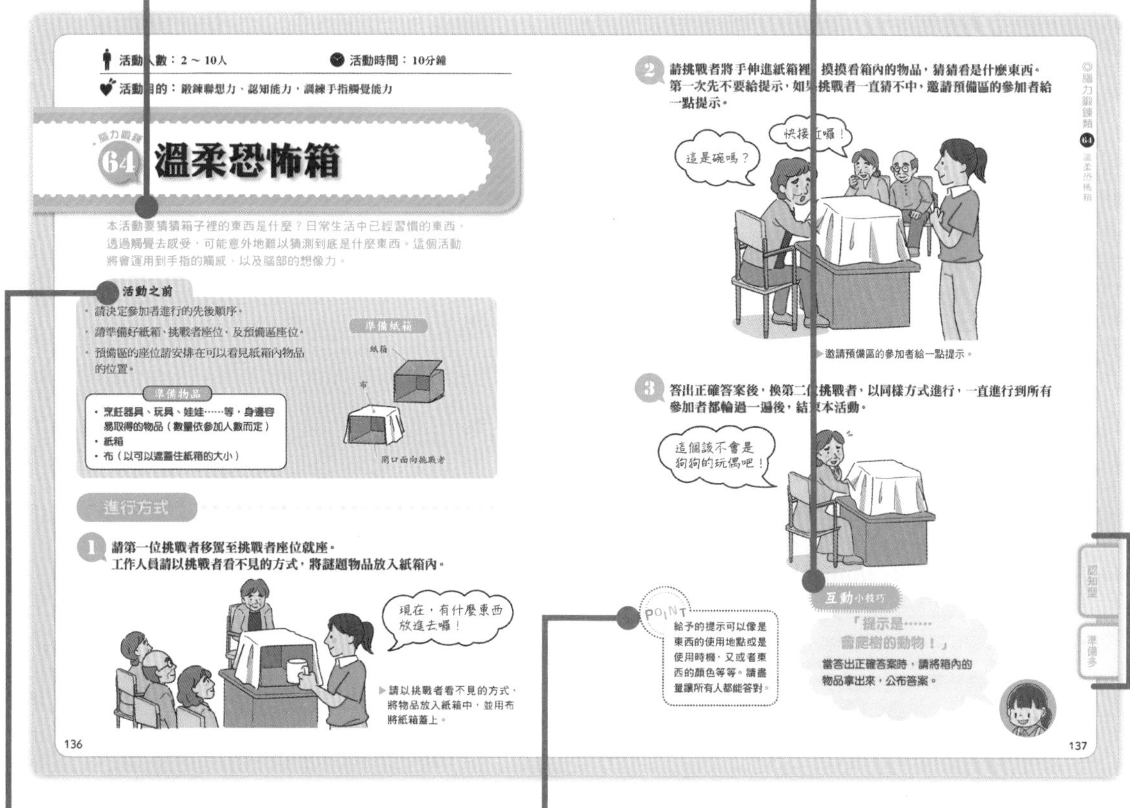

活動人數：2～10人　活動時間：10分鐘

活動目的：鍛鍊聯想力、認知能力，訓練手指觸覺能力

腦力鍛鍊 64 溫柔恐怖箱

本活動要猜猜箱子裡的東西是什麼？日常生活中已經習慣的東西，透過觸覺去感受，可能意外地難以猜測到底是什麼東西。這個活動將會運用到手指的觸感、以及腦部的想像力。

活動之前

- 請決定參加者進行的先後順序。
- 請準備好紙箱、挑戰者座位、及預備區座位。
- 預備區的座位請安排在可以看見紙箱內物品的位置。

準備物品

- 烹飪器具、玩具、娃娃……等，身邊容易取得的物品（數量依參加人數而定）
- 紙箱
- 布（以可以遮蓋住紙箱的大小）

準備紙箱

紙箱

布

開口面向挑戰者

進行方式

1 請第一位挑戰者移駕至挑戰者座位就座。工作人員請以挑戰者看不見的方式，將謎題物品放入紙箱內。

現在，有什麼東西放進去囉！

▶請以挑戰者看不見的方式，將物品放入紙箱中，並用布將紙箱蓋上。

2 請挑戰者將手伸進紙箱裡，摸摸看箱內的物品，猜猜看是什麼東西。第一次先不要給提示，如果挑戰者一直猜不中，邀請預備區的參加者給一點提示。

這是碗嗎？

快接近囉！

▶邀請預備區的參加者給一點提示。

3 答出正確答案後，換第二位挑戰者，以同樣方式進行，一直進行到所有參加者都輪過一遍後，結束本活動。

這個該不會是狗狗的玩偶吧！

POINT 給予的提示可以像是東西的使用地點或是使用時機，又或者東西的顏色等等。請盡量讓所有人都能答對。

互動小技巧 「提示是……會爬樹的動物！」當答出正確答案時，請將箱內的物品拿出來，公布答案。

◎腦力鍛鍊類 64 溫柔恐怖箱

認知型　準備多

136　137

說明在活動開始之前，需要準備的事項與物品。其中也介紹很多只需要透過身邊容易取得的物品，就可以進行的活動。

POINT

說明可以讓活動順利且圓滿進行的重點。請活動帶領者在活動開始之前，務必確認這些重點。

依建議參與人數與活動前準備工作的時間及遊戲類別分類。讓工作人員在挑選與準備活動之前，能快速選擇欲進行的活動。

目錄

・本書的特點與使用方式 …… 2

審定序 動一動，樂齡健康！ ◎賴光蘭 …… 15

第1章 在休閒活動開始之前

・休閒活動的意義與目的 …… 18

・休閒活動的組合與安排 …… 19

・休閒活動的注意要點 …… 20

・如何讓活動成功 …… 21

・活動帶領者要注意的禮貌 …… 22

第2章 讓身體動一動——運動類活動

・手部運動・

01 **氣球排球**：刺激腦部 …… 24

02 **氣球網球**：提升手部與腕部的運動強度 延伸活動 …… 26

03 **氣球桌球**：提升手眼協調能力與手部肌耐力 延伸活動 …… 26

04 **氣球棒球**：刺激腦部培養手部的手感 …… 27

05 **大珠小珠落玉盤**：提升敏捷度 …… 28

06 **滾滾桌球**：提升專注力 …… 30

07 **雪片飄飄**：活化腦部 …… 32

08 **寶特保齡球**：促進彼此的互動交流 …… 34

09 **滾球進洞**：促進彼此的互動交流 ………… 36
10 **丟中靶心**：有助於提升運算能力 ………… 38
11 **命中目標**：有助於提升運算能力 ………… 40
12 **紙杯金字塔**：活化腦部 ………… 42
13 **一投進桶**：培養運算能力、提高參與熱情 ………… 44
14 **大魚上鉤**：提升專注力 ………… 46
15 **凹凸高爾夫**：培養手指與手臂靈敏度 ………… 48
16 **疊錢樂**：刺激手指觸覺能力、提升專注力 ………… 50
17 **抓錢樂**：刺激手指觸覺能力、提升專注力 ………… 52
18 **抓球樂**：刺激手指觸覺能力、提升抓握力 延伸活動 ………… 53
19 **戰勝百克**：刺激手指觸覺能力、培養對重量的感覺 ………… 54
20 **夾豆樂**：訓練手指靈活度、提升運算能力 ………… 56
21 **當湯匙遇上彈珠**：提升運算能力 ………… 58
22 **吹吹乒乓球**：提升肺活量 ………… 60
23 **報紙撕撕樂**：鍛鍊手指敏銳度 ………… 62
24 **拉緊報**：促進彼此互動交流 ………… 64
25 **投球問答**：增進彼此認識與了解 ………… 66
26 **傳球接龍賽**：動腦動身體 ………… 68
27 **拳拳我最響**：感受到喜悅或後悔情緒 ………… 70

・上半身運動・

28 **咚咚相撲**：訓練手臂力量 ………… 71
29 **拍拍我的肩**：活化腦部 ………… 72
30 **我的紙飛機**：引導回想、鍛鍊腦部 ………… 73

飛吧！

31 **瓶蓋洞洞**：促進手指敏銳度與團隊合作…… 74
32 **吹吹骨牌**：培養手指觸覺能力與專注力…… 76
33 **沙包攻防戰**：產生心跳加速的興奮感…… 78
34 **浴巾傳球**：培養互動默契…… 80
35 **人形套圈圈**：控制手部力量、鍛鍊運算能力…… 82
36 **心花朵朵開**：培養團隊默契、獲得成就感…… 84
37 **這是誰的臉**：培養控制力…… 86
38 **誰的毛巾高**：動動腦活化腦部…… 88
39 **集集傘中球**：強化運算能力…… 90
40 **滾滾保齡球**：強化與鍛鍊腦部…… 92
41 **球碰空杯彈**：強化與鍛鍊腦部…… 94
42 **顏色對對碰**：培養判斷力…… 95
43 **救救受困球**：培養控制力…… 96
44 **單邊拔河賽**：培養團隊合作…… 97
45 **我是擊鬼師**：訓練控制力…… 98
46 **抽支上上籤**：達到手部、手臂運動效果…… 100
47 **曬衣夾之旅**：培養團隊合作精神…… 102
48 **快遞甜甜圈**：培養默契與溝通…… 104

·全身運動·

49 **坐式接力賽**：鍛鍊腳力…… 106
50 **氣球大逃亡**：培養專注力與團體合作…… 108
51 **坐式足球賽**：鍛鍊腳力…… 110
52 **飛來天上球**：強化彼此之間的交流…… 112
53 **傳情乒乓球**：提升專注力…… 114

第3章

讓腦袋動一動——腦力鍛鍊活動

·認知型·

54 **一起來做菜**：回復日常生活感覺 …… 116

55 **料理推理王**：回復對生活的感知 …… 118

56 **神祕火鍋王**：加深彼此對話與互動 …… 120

57 **我是猜拳王**：鍛鍊瞬間爆發力 …… 122

58 **紙牌推理王**：刺激記憶力 …… 124

59 **紙牌對對碰**：鍛鍊聯想力 …… 126

60 **數字接龍王**：培養團隊合作 …… 128

61 **挑戰數字王**：培養默契與溝通 …… 130

62 **猜猜我是誰**：活化腦部 …… 132

63 **我是模仿王**：刺激腦部 …… 134

64 **溫柔恐怖箱**：刺激手指觸覺能力及想像力 …… 136

65 **什麼東西掉下來**：鍛鍊不同的身體機能 …… 138

66 **這是什麼丼**：激發想像力 …… 140

67 **來段繞口令**：鍛鍊嘴部肌肉 …… 142

68 **諺語動動腦**：活化腦部 …… 144

69 **嗅覺大挑戰**：鍛鍊嗅覺、刺激腦部 …… 146

70 **尋找杯中寶**：鍛鍊記憶力 …… 148

71 **左右手繪王**：鍛練非慣用手的機能、刺激腦部 …… 150

72 **氣球文字謎**：鍛鍊動態視力 …… 152
73 **當圍棋遇上飯勺**：鍛鍊手部感覺、提升運算能力 …… 154
74 **拼圖挑戰王**：鍛鍊圖形認知能力 …… 155
75 **蔬菜急轉彎**：促進彼此間的溝通交流 …… 156
76 **省錢大作戰**：找回對生活的感覺 …… 157

・記憶型・

77 **繪圖接龍**：鍛鍊記憶力 …… 158
78 **超級填字樂**：鍛鍊聯想力 …… 160
79 **記憶力體操**：鍛鍊記憶力、刺激腦部 …… 162
80 **話說年輕時**：促進彼此交流、刺激腦部 …… 164
81 **一字引千金**：刺激腦部 …… 166
82 **部首大挑戰**：刺激腦部 …… 168
83 **難字求解**：增加新知識、刺激腦部 …… 170
84 **國旗小百科**：增進對國際社會的了解 …… 172
85 **名產對對碰**：增加新知識、促進彼此交流 …… 174
86 **縣市大猜謎**：促進彼此間相互認識 …… 176
87 **高低比一比**：擴展討論話題 …… 178
88 **時代大偵探**：喚起以往回憶 …… 179
89 **一起來環島**：刺激腦部 …… 180

第4章 跟著音樂動一動——音樂律動活動

90 **歡樂歌聲想**：喚起以往回憶 …… 182

91 **律動伸展操**：鍛鍊韻律感 …… 184

92 **手指體操**：訓練手指靈活度、刺激腦部 …… 186

93 **同韻拍拍手**：引起共鳴、喚起共同記憶 …… 188

94 **手指數字操**：手指控制訓練、刺激腦部 …… 190

95 **歌唱對抗賽**：鍛鍊發聲 …… 192

第5章 讓手動一動——手作類活動

96 **手工面紙隨身包**：想起過往經驗、活化腦部 …… 194

97 **手工壁掛飾品（中秋賞月）**：訓練專注力、手指靈活度 …… 196

98 **手撕紙創作**：訓練專注力、訓練手指靈活度 …… 197

99 **日式料理散壽司**：訓練專注力、訓練手指靈活度 …… 198

100 **紅豆涼圓**：訓練專注力、訓練手指靈活度 …… 199

● 傳統節慶與季節料理 …… 200

● 各縣市著名特色小吃 …… 201

◎人數／目的別：子目錄

活動人數：**5人以下**

小型活動

活動類型	活動名稱	活動目的	頁碼
手部運動	01 氣球排球	達到手臂運動效果，促進人際互動	P 24
	02 氣球網球	達到手臂運動效果，促進人際互動	P 26
	03 氣球桌球	達到手臂運動效果，促進人際互動	P 26
	04 氣球棒球	達到手臂運動效果、促進人際互動、刺激腦部活動	P 27
	05 大珠小珠落玉盤	達到手臂運動效果、訓練反射神經	P 28
	06 滾滾桌球	達到手腕與手臂運動效果、訓練反應能力、專注力	P 30
	07 雪片飄飄	達到手腕與手臂運動效果	P 32
	08 寶特保齡球	達到手臂運動效果、訓練運算能力促進人際互動、腦部活化	P 34
	09 滾球進洞	達到手臂運動效果、訓練運算能力促進人際互動、腦部活化	P 36
	10 丟中靶心	達到手腕與手臂運動效果、訓練運算能力、控制力	P 38
	11 命中目標	達到手腕與手臂運動效果、訓練運算能力、控制力	P 40
	12 紙杯金字塔	達到手腕與手臂運動效果、訓練運算能力、控制力	P 42
	13 一投進桶	達到手腕與手臂運動效果、訓練運算能力、控制力	P 44
	14 大魚上鉤	訓練手指觸覺能力、專注力、促進人際互動	P 46
	15 凹凸高爾夫	訓練手指與手臂的協調性、促進腦部活化	P 48
	16 疊錢樂	訓練手指觸覺能力、專注力、運算能力	P 50
	17 抓錢樂	訓練手指觸覺能力、抓握力、運算能力	P 52
	18 抓球樂	訓練手指觸覺能力、抓握力、運算能力	P 53
	19 戰勝百克	訓練手指觸覺能力、抓握力、運算能力	P 54
	20 夾豆樂	訓練手指靈活度與協調性、訓練運算能力	P 56

活動人數：**5人以下**

小型活動

活動類型	活動名稱	活動目的	頁碼
手部運動	21 當湯匙遇上彈珠	訓練手指靈活度與協調性、訓練運算能力、促進人際互動	P 58
	22 吹吹乒乓球	提高心肺機能	P 60
	23 報紙撕撕樂	訓練手指觸覺能力、鍛鍊認知能力、促進人際互動	P 62
	24 拉緊報	達到手指與手臂運動效果、促進人際互動	P 64
	25 投球問答	達到手指與手臂運動效果、鍛鍊認知能力、促進人際互動	P 66
	26 傳球接龍賽	達到手臂運動效果、促進人際互動 促進腦部活化、提升語言能力	P 68
	27 拳拳我最響	訓練瞬間爆發力、發聲、情感表現	P 70
上半身運動	28 咚咚相撲	達到手臂運動效果、鍛鍊思考能力、訓練抓握力	P 71
	29 拍拍我的肩	達到手臂運動效果、訓練韻律感、提高心肺機能	P 72
	30 我的紙飛機	達到手臂運動效果、訓練手指觸覺能力、引導長者回想	P 73
腦力鍛鍊	55 料理推理王	鍛鍊認知能力、促進人際互動、藉回憶滿足懷舊情緒	P 118
	59 紙牌對對碰	鍛鍊認知能力、瞬間爆發力、達到手部運動效果	P 126
	60 數字接龍王	鍛鍊運算能力、促進人際互動、達到手部運動效果	P 128
	61 挑戰數字王	鍛鍊運算能力、認知能力、記憶力	P 130
	73 當圍棋遇上飯勺	達到手指運動效果、促進人際互動、訓練運算能力	P 154
	74 拼圖挑戰王	鍛鍊認知能力、達到手指運動效果、訓練圖形認知	P 155
	75 蔬菜急轉彎	鍛鍊認知能力、聯想力、促進人際互動	P 156
	76 省錢大作戰	鍛鍊認知能力、記憶力、藉由回憶滿足懷舊情緒	P 157
	80 話說年輕時	鍛鍊記憶力、促進人際互動、藉由回憶滿足懷舊情緒	P 164
音樂律動	90 歡樂歌聲想	訓練發聲、藉由回憶滿足懷舊情緒	P 182

◎人數／目的別：子目錄

活動人數：5～10人

中型活動

活動類型	活動名稱	活動目的	頁碼
上半身運動	31 瓶蓋洞洞	訓練手指觸覺能力、促進人際互動	P 74
	32 吹吹骨牌	訓練手指觸覺能力、專注力、提高心肺機能	P 76
	33 沙包攻防戰	達到手腕與手臂運動效果、訓練控制力、瞬間爆發力	P 78
	34 浴巾傳球	達到手臂運動效果、訓練手指觸覺能力、促進人際互動	P 80
	35 人型套圈圈	達到手腕與手臂運動效果、訓練控制力、運算能力	P 82
	36 心花朵朵開	達到手臂運動效果、訓練控制力、促進人際互動	P 84
	37 這是誰的臉	達到手腕與手臂運動效果 訓練控制力、促進人際互動、想像力	P 86
	38 誰的毛巾高	達到手臂運動效果、訓練控制力	P 88
	39 集集傘中球	達到手腕與手臂運動效果 訓練控制力、抓握力、運算能力	P 90
	40 滾滾保齡球	達到手臂運動效果、促進人際互動、腦部活化	P 92
	41 球碰空杯彈	達到手腕與手臂運動效果、鍛鍊認知能力、訓練控制力	P 94
	42 顏色對對碰	達到手臂運動效果、鍛鍊認知能力、訓練控制力	P 95
	43 救救受困球	達到手腕與手臂運動效果、促進人際互動、訓練控制力	P 96
	44 單邊拔河賽	達到手臂運動效果、促進人際互動、訓練抓握力	P 97
腦力鍛鍊	54 一起來做菜	鍛鍊認知能力、促進人際互動、藉回憶滿足懷舊情緒	P 116
	56 神祕火鍋王	鍛鍊認知能力、促進人際互動	P 120
	57 我是猜拳王	訓練判斷力、瞬間爆發力	P 122
	58 紙牌推理王	鍛鍊認知能力、理解力、藉回憶滿足懷舊情緒 達到手臂運動效果	P 124
	62 猜猜我是誰	鍛鍊聯想力、認知能力、藉回憶滿足懷舊情緒	P 132
	63 我是模仿王	鍛鍊聯想力、認知能力、促進人際互動	P 134
	64 溫柔恐怖箱	鍛鍊聯想力、認知能力、訓練手指觸覺能力	P 136
	65 什麼東西掉下來	訓練判斷力、瞬間爆發力、達到上半身運動效果	P 138

活動人數：5～10人

中型活動

活動類型	活動名稱	活動目的	頁碼
腦力鍛鍊	66 這是什麼丼	訓練發聲、瞬間爆發力、鍛鍊聯想力、節奏感 達到手臂運動效果	P140
	67 來段繞口令	訓練發聲、口腔運動、鍛鍊認知能力、記憶力	P142
	68 諺語動動腦	鍛鍊認知能力、記憶力、訓練發聲	P144
	69 嗅覺大挑戰	鍛鍊聯想力、訓練嗅覺	P146
	70 尋找杯中寶	鍛鍊認知能力、記憶力、達到手臂運動效果	P148
	71 左右手繪王	鍛鍊認知能力、達到手臂運動效果	P150
	72 氣球文字謎	訓練專注力、動態視力	P152
	77 繪圖接龍	鍛鍊認知能力、記憶力、訓練手指靈活度與協調性	P158
	78 超級填字樂	鍛鍊認知能力、聯想力、記憶力	P160
	79 記憶力體操	鍛鍊記憶力、訓練專注力、達到全身運動效果	P162
	81 一字引千金	鍛鍊認知能力、記憶力、達到手部運動效果	P166
	82 部首大挑戰	鍛鍊認知能力、記憶力、達到手部運動效果	P168
	83 難字求解	鍛鍊認知能力、記憶力	P170
	84 國旗小百科	鍛鍊認知能力、記憶力	P172
	85 名產對對碰	鍛鍊認知能力、記憶力、聯想力	P174
	86 縣市大猜謎	鍛鍊認知能力、記憶力	P176
	87 高低比一比	鍛鍊記憶力、引導長者回想	P178
	88 時代大偵探	鍛鍊記憶力、引導長者回想	P179
	89 一起來環島	鍛鍊記憶力、認識圖形	P180
音樂律動	91 律動伸展操	鍛鍊節奏感、達到手臂與腳部運動效果	P184
	92 手指體操	訓練手指靈活度與協調性	P186
	93 同韻拍拍手	訓練發聲、鍛鍊節奏感、達到手部運動效果	P188
	94 手指數字操	訓練手指靈活度與協調性	P190
	95 歌唱對抗賽	訓練發聲、達到手臂運動效果	P192

◎人數／目的別：子目錄

活動人數：5～10人

中型活動

活動類型	活動名稱	活動目的	頁碼
手作體驗	96 手工面紙隨身包	訓練專注力、引導長者回想、訓練手指靈活度	P 194
	97 手工壁掛飾品（中秋賞月）	訓練專注力、訓練手指靈活度與協調性	P 196
	98 手撕紙創作	訓練專注力、訓練手指靈活度與協調性	P 197

活動人數：10人以上

大型活動

活動類型	活動名稱	活動目的	頁碼
上半身運動	45 我是擊鬼師	達到手腕與手臂運動效果、訓練控制力	P 98
	46 抽支上上籤	達到手腕與手臂運動效果、促進人際互動	P 100
	47 曬衣夾之旅	訓練抓握力、促進人際互動	P 102
	48 快遞甜甜圈	達到手臂運動效果、促進人際互動	P 104
全身運動	49 坐式接力賽	訓練手指與腳部靈活度與協調性、促進人際互動	P 106
	50 氣球大逃亡	達到手臂運動效果、訓練專注力、促進人際互動	P 108
	51 坐式足球賽	訓練腳部靈活度與協調性、訓練控制力、促進人際互動	P 110
	52 飛來天上球	達到肩膀與手臂運動效果、促進人際互動	P 112
	53 傳情乒乓球	達到手臂運動效果、訓練集中力、促進人際互動	P 114
手作體驗	99 日式料理散壽司	訓練專注力、訓練手指靈活度與協調性	P 198
	100 紅豆涼圓	訓練專注力、訓練手指靈活度與協調性	P 199

审定序

動一動，樂齡健康！

財團法人育成社會福利基金會
執行長　**賴光蘭**

近年來，由於醫療技術的進步以及專業服務的提升，台灣人口結構於 **1993** 年成為高齡化社會，並於 **2018** 年進入高齡社會，預估 **2026** 年台灣高齡者人口占比將超過 **20%**，成為超高齡社會的一員，高齡化速度較歐、美、日等國為快，如何協助高齡者準備及適應老年期，將是社會教育之重要議題。

高齡者在慢性疾病、失能、衰弱等疾病過程中，往往會造成家庭、社會與國家在醫療及心理層面的沉重負擔。正所謂「預防勝於治療」，透過有效且安全的健康促進和方案，延遲身體機能的老化，減少疾病的發生，除了可減輕醫療的負擔和不必要的浪費外，長期照護的需求也可以大大的降低。

在高齡化社會中，如何讓高齡者活得久、活得好，已然成為更加重要的課題，而高齡者除了醫療支持外，休閒活動即是朝向這個目標的最佳途徑。休閒活動雖然不能治癒高齡者常見的慢性疾病，卻能促進身體機能的運作、預防疾病發生或延緩惡化，並透過活動的進行讓心理得以獲得調適，對高齡者維持獨立生活及改善生活品質有極大的助益。

財團法人育成社會福利基金會（以下簡稱本會）自 **1994** 年成立以來至今已 **25** 年，致力於心智障礙者包括早期療育、日間照顧、工作訓練和住宿等從幼兒到老年的全人服務。在本會的服務中，除了提供基本的生活照顧服務，促進全人身心障礙者生活的豐富性與多元化，一直是本會努力的方向。因此，對於支持高齡身心障礙者能有更多機會從事個人或團體式的休閒活動，讓其可以充分體驗並享受參與多種活動的經驗，亦是本會推動的服務重點！

本人從事專業服務已逾 **20** 年，接觸活動教案書籍的「資歷」，讓我對活動教案有一定的看法及堅持，其中，如何將高齡者從靜態的生活中，帶入動態休閒活動中，則是高齡者休閒活動設計重要的關鍵。因此，最初在日本接觸到這本《全彩圖解 **100** 種樂齡活動這樣玩！——開心動一動，減緩腦部退化、活化身體機能、提升生活品質》（日文原書名：「 しく盛り上がるレクリエーション **100** お年寄りとコミュニケーションが深まる！オールカラー」），其簡單易懂且生活化的活動設計，讓我很直覺的認為這是一本值得推薦的工具書，希望能引進運用於台灣的長期照顧與身心障礙服務中。

於是在 **2018** 年 **8** 月諮詢國立台灣師範大學林幸台名譽教授、國立台東大學林珮如助理教授以及國立台灣師範大學邱春瑜助理教授之建議後，便主動與原水出版社聯繫，期盼合作催生《全彩圖解　**100** 種樂齡活動這樣玩！——開心動一動，減緩腦部退化、活化身體機能、提升生活品質》這本中文版的誕生。

本書雖然是從日文翻譯而來，但是文字及圖像十分生動、流暢，透過卡通示意圖方式，把極富趣味性的活動教案用圖像方式簡單的呈現出來，內容及編排方式手法亦相當淺顯易懂，相較於教條式的活動帶領書籍，相信更能讓專業服務人員接受與方便操作。此外，為更貼近台灣在地高齡者生活，亦納入台灣在地化元素，相信對高齡者以及提供高齡者服務之專業人員而言，相當容易引起共鳴。

第1章

在休閒活動開始之前

當高齡者在進行這些休閒活動時，除了維持與提升身體機能之外，還具有促進腦部活化及獲得充實感等多樣性的效果。本章將說明休閒活動的架構、注意要點、以及準備與應注意的禮貌等，以協助活動帶領者在執行時，可以讓這些休閒活動發揮加乘的效果。

休閒活動的意義與目的

高齡者在進行休閒活動時，有 **4** 個目的：

①維持與提升身體機能及 ADL（日常生活活動）。

②促進腦部活化、預防失智。

③提升與他人互動人際互動等 QOL（生活品質）。

④增加充實感與滿足感。

❶ 快樂地活動身體，藉以維持及提升身體機能

高齡者活動身體的機會減少，肌肉力量相對地也會減弱。加上從事運動的動機降低，因活動量減少而有可能患上「廢用症候群」。

本書提及的休閒活動乃是透過玩遊戲的方式，快樂地活動身體，以期維持與提升身體機能及日常生活動作。

❷ 動動腦、動動手，活化腦部

本書介紹「思考型」及「記憶型」等動動腦及活動手部等動作，藉以促進腦部活化，及預防或減輕失智症狀。

❸ 讓高齡者藉由感受自我價值、與他人互動人際互動，進而提升生活品質

透過活動，增加與他人溝通互動的機會，也提升個人存在的價值感。在與他人互動的過程中，也將同時減輕被社會孤立的感受，藉以提升高齡者的生存價值及生活品質。

❹ 增加高齡者的充實感與滿足感

在參加活動時，可能會有「我什麼都不會！」的憂心與焦慮。但從不會到會的過程，以及活動完成的時候，能夠讓高齡者獲得充實與滿足感。

休閒活動的組合與安排

負責策畫休閒活動的活動帶領者，須注意以下重點，避免造成參加者的負擔，在能促進快樂活動的前提下，來安排休閒活動吧。

Point1 考量參加人數

- 若是要進行需要分類的競賽型活動，請考量可以調整與對應參加人數增減的活動。
- 若是需要在桌上進行的活動（例如：手工藝或是料理烹飪等），每一組人數以 **5 ～ 6** 名參加者為佳。

  ※ 人數過多的話，恐會有無法關照到每一位參加者的可能性。

Point2 考量參加者可做到的活動項目

- 請考量每一位參加者的身體機能，並選擇可以及容易參與的休閒活動。

  ※ 若是選擇參加者無法參與的活動，可能會造成該名參加者退縮或產生喪失感，請確實掌握每一位參加者的狀況，並適度地調整活動難易度。
- 請選擇單側麻痺及輪椅使用者也能夠參與的休閒活動。
- 請以文字、圖畫或顏色等明確清楚的提示來進行活動。

  ※ 為了讓弱視或視力不佳的參加者也能清楚看見，請將文字字體或是圖畫放大。另外，進行手工藝活動時，在材料的選擇上，請避免使用同色系等難以分辨的色調來配色。例如：白色底的作品、避免使用白色線材來製作。

Point3 考量活動進行時間

- 一種活動的進行時間，請以 **10** 至 **20** 分鐘能結束的活動來設計安排。

  ※ 活動的進行時間過長，可能會造成參加者疲勞、或是注意力開始不集中。若是可能耗費較多時間的手工藝活動，建議可分成 2 天進行，或是在活動中間安排休息時間。請以「不造成參加者負擔」為前提，在活動安排上下點工夫吧。

Point4 考量參加者的活動能力

- 每位參加者需要的協助或是身體機能的狀況不同，為了能妥善照顧到每位參加者，請盡量將能力相似的參加者平均安排在不同組別內。

  ※ 在分組的時候，請避免將單側麻痺或是失智的參加者全部分至同一組，請考量組員之間能力的平衡性。另外，也請一併考量組員之間的人際關係，讓同組的成員能夠開心地參加活動。

Point5 增進參加意願、營造歡樂氛圍

- 手工藝之類的活動，請考量完成後的成品是可以在日常使用，或可當成禮物贈送給他人等，在完成時能帶來喜悅感的品項。
- 在活動中，請一邊與參加者對話、營造歡樂的氣氛，讓這次沒有參加的人，也能夠感受到「下次我也想參加」的氣氛。

休閒活動的注意要點

在休閒活動開始之前、活動過程中及活動後，若工作人員能在不同的時間點，適度地透過聲音與參加者互動，將能提高參加者的參與意願，讓休閒活動發揮加乘效果。

開始前

❶為了提升參加意願，請將休閒活動可帶來的效果，傳達給參加者。

❷在對話互動上，請依照每位高齡者的個性下功夫、個別對應。

例：當參加者說：「我都已經幾歲了……」「這個我沒有做過呀……」

→**「我（們）會一起幫忙呀，一起來做做看吧！」「很多人都是第一次參加唷，沒關係的！」**

例：當參加者說：「這個看起來不好玩……」「我又不是小孩子啊……」

→**「如果 OO 可以參加的話，一定會很好玩的唷！」「可是好希望您可以一起參加呀！」**

❸有些人可能比較害羞，或是還在猶豫要不要參加，試著至少邀請他／她們兩次吧。

❹有些比較激烈的活動可能會有危險性，請事先做好準備與熱身運動唷！

❺為了讓活動可以順利進行，請務必事前做好準備與確認。

❻在分組上，請考量可以提高參加意願的分組，例如：將關係較好的參加者安排在同一組，並考量每位參加者的能力範圍與身體機能狀況來進行分組。

活動中

❶請工作人員以開心的心情、努力的姿態來進行活動，並請發出可以提高參與感的語調（本書也將在各個活動中，介紹如何提升參與感的溝通小技巧）。

例：**「OO（參加者的名字或平日稱呼的暱稱），您很厲害耶！」、「OO（參加者的名字或平日稱呼的暱稱），您知道的事情很多耶！」**（加上名字來稱呼參加者是重點唷！）

❷活動中可能會有從椅子上摔下或跌倒的危險性，在座位安排上，請活動帶領者確實注意需在旁照顧者的位置安排。

❸請確實傳達活動開始與結束的時間，較容易使參加者在活動過程中，能集中精神參與。

例：**「好，我們現在要開始囉！」、「在 OO 分鐘，我們就要分出勝負囉！」、「好，活動結束！」**

❹請隨時注意參加者的表情，觀察他／她們是否呈現疲累或覺得無聊，並適度安排休息時間，或是臨機應變、轉換成其他的休閒活動。

❺請將活動流程、步驟一一清楚簡單地說明，使失智症或認知需要協助的人，能夠易於了解。在活動過程中，請儘量讓參加者自己完成，「賦予自己完成後的成就感」，是休閒活動進行的重點。

結束後

❶有些參加者即使不舒服或者累了，仍然會勉強自己參加。請在活動之後，觀察每位參加者的表情，透過對話以確認他／她們的身體狀況。

❷可以詢問參加者的感想，以作為下次活動的改進依據。

❸活動剛結束就立刻移動，可能會有跌倒的危險性。建議可以先深呼吸、休息一下之後，再移動。

如何讓活動成功

休息活動的目的能否成功達成，都與所需物品的準備、活動帶領者之間互相協助及招募參加者等等的事前準備工作有關。

【準備與收拾物品】

- 所需的物品與材料，可以和活動帶領者互相交換意見，打聽哪裡可以找到便宜的材料。
- 所需的物品請儘量以手作為優先，並且可以邀請參加者一起來製作、準備。
- 休閒活動所使用的物品，可以分類整理、保管。若是在活動後不堪再使用的物品，為了下次活動的準備，可以先拍照以作為參考。

【與同事協力合作】

- 將活動進行的時間，列入年度行事曆中，並依照每一位活動帶領者的專長來進行分工、主責。
- 有關休閒活動相關的資訊，可以從圖書館、網路資訊或與活動帶領者之間彼此交換、確認多元的資訊。而每一位參加者的期待是什麼？多聽聽參加者彼此之間的談話，也是重要的資訊來源唷！
- 在開會的時候，請確認每一位活動負責人的準備進度。

【活動宣傳】

- 休閒活動預定舉行的每月行事曆或是海報，請事前進行張貼宣傳。
- 活動需要佈置用的紙材剪裁或是材料的切割等準備工作，可以邀請參加者一起幫忙。
- 可以將手工藝的樣本拿給參加者看，有助於提升參加的意願及興趣唷。

【為了提高參與感】

- 執行左頁〈休閒活動的注意要點〉開始前的①～③。
- 安排參加者擔任講師、小組長或是道具的分配者等，讓參加者有任務，也是提高參與感的方法之一。當被賦予責任時，參加者更能有參與意識，並將更為投入。
- 要提高運動類休閒活動的參與度時，可以宣傳以往該活動進行時的歡樂氣氛或參加者的好評等。

活動帶領者要注意的禮貌

〈服裝儀容〉

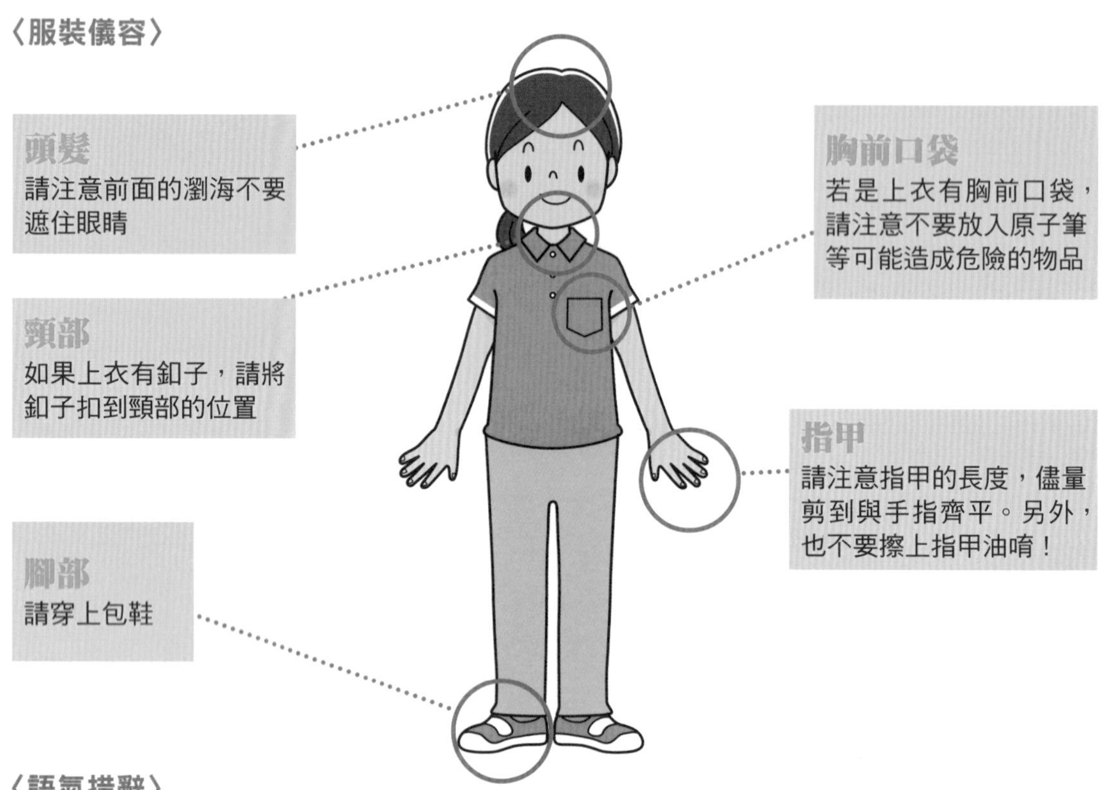

〈語氣措辭〉

- 請注意語言措辭，並請注意音調要以不會造成不愉快的口吻來溝通對話。除此之外，請以大聲的、確切的、能傳達心情的音量來帶活動。

  例如：「OO（參加者的名字或平日稱呼的暱稱），請問～是這樣嗎？」
  「OO（參加者的名字或平日稱呼的暱稱），請您一定要來參加唷！」

〈有麻煩時〉

- 當參加者對於活動規則有意見時，請和緩地回應或彈性變更活動規則。
- 當對於勝負有爭議時，請活動帶領者秉持公平原則對應，或視狀況重新再進行一次活動。
- 若參加者彼此之間吵架或有爭議時，可視情況調整座位、或更換團隊的成員。
- 請與其他活動帶領者一起來處理爭議吧！

〈工作人員的心理準備〉

- 休閒活動的主體是參加者，請活動帶領者在活動過程中一邊觀察每位參加者是否開心地參與活動？或者他／她們是否在參與活動時有困難？一邊依據當下的狀況，隨時臨機應變、進行調整。
- 工作人員心情與情緒將會影響參加者的投入狀況，因此請您也一起開心地來進行活動吧！另外，與參加者一起同樂，也是休閒活動的重點唷！

第2章

讓身體動一動（運動類活動）

高齡者活動身體的機會減少，導致肌力減弱，而使得從事運動的熱情降低。本章將介紹多種在活動身體之際、亦能充分感受到歡樂的團體活動。豐富多元的內容，包括從少人數參與的小型團體活動、到多人數一起進行的大型團體活動都有唷！

活動人數：一隊2～3人，共2隊　　活動時間：一局10分鐘

活動目的：達到手臂運動效果，促進人際互動

手部運動 01 氣球排球

使用氣球取代排球，除了可以運動到手臂與肩部，比賽的勝負之分也將激發參加者的參與熱情，並達到刺激腦部的效果。

活動之前

- 請將參加者分成 2 隊，每隊人數一樣，各隊中間間隔大約 1.5 公尺的距離，放置椅子讓參加者坐下。
- 在 2 隊分隔的椅子中間，架設網欄，高度大約與參加者坐著時的肩部同高。

準備物品

- 氣球
- 白板
- 網欄

進行方式

1 每一隊派出代表猜拳，決定先攻與後攻的隊伍。先攻的隊伍將氣球投向對方的陣線。

▶請適度地調整網欄的高度。

2 **當氣球飛來己方陣線時，馬上打回去。**
氣球在己方陣線時，打（碰觸）幾次都沒有關係。

3 **若是無法將氣球打回對方陣線，而讓氣球落地，就算對方得分。**
10 分鐘內，得分最多的隊伍獲勝。

注意！

活動中站起來會有危險，因此在一開始說明遊戲規則時，請先提醒參加者「不要站起來喔」。但是在比賽中，仍然會有人在熱烈氣氛中站起來，請工作人員守候在參加者的椅子後方，若看到有發生危險的可能時，請適時地介入協助。

POINT

如果氣球無法飄到對方的陣線，請工作人員適時地介入協助。

互動小技巧

「也請讓我一起參加吧！」

當參加者的氣球很難飄到對方陣線、工作人員要介入協助時，請先告知雙方隊伍。

延伸活動

活動人數：一組2人（1對1），最多3組　活動時間：一局10分鐘

活動目的：達到手臂運動效果，促進人際互動

手部運動 02 氣球網球

使用氣球取代網球，網球拍改以扇子替代。在拍打氣球時，將會運動到手腕，在做扣球的動作時，也會提升手部與腕部的運動強度。

進行方式

如同「氣球排球」的進行方式。
使用扇子取代網球拍，拍打氣球。

準備物品

- 氣球
- 扇子
- 網欄
- 白板

延伸活動

活動人數：一組2人（1對1），最多3組　活動時間：一局10分鐘

活動目的：達到手臂運動效果，促進人際互動

手部運動 03 氣球桌球

使用桌球球拍來拍打氣球。桌球球拍的面積比較小，反而較不容易打到氣球。在拍打氣球時，可以提升手眼協調能力與手部肌耐力。

進行方式

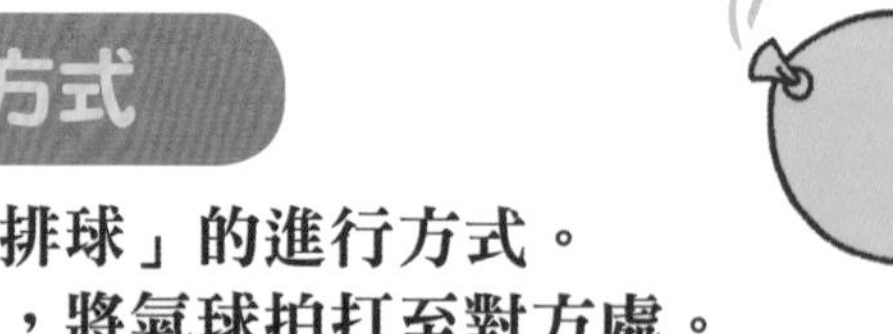

如同「氣球排球」的進行方式。
手握桌球拍，將氣球拍打至對方處。

準備物品

- 氣球
- 桌球拍
- 網欄
- 白板

活動人數：一組2人（1對1），最多3組　活動時間：一局10分鐘

活動目的：達到手臂運動效果、促進人際互動、刺激腦部活動

氣球棒球

使用棒球的球棒來擊打氣球的遊戲。棒球球棒要能夠擊打到氣球，具有一定的難度，因而能夠刺激腦部，同時也培養手部的手感。

進行方式

如同「氣球排球」的進行方式。使用塑膠製的輕型球棒，盡可能讓對戰的參加者可以長時間地對打。

準備物品

- 氣球
- 球棒
- 網欄
- 白板

▶如果球棒無法順利擊打到氣球，工作人員請在一旁協助，重新再試一次。

注意！

活動中，球棒也可能會脫手飛離，請隨時注意，不要讓球棒打到其他的參加者。

互動小技巧

「這次輪到OO打擊囉！」

當球棒無法順利擊打到氣球時，請工作人員協助將氣球撿起來，再重新開始。

活動人數：一組2人（1對1），最多3組　活動時間：一局5分鐘

活動目的：達到手臂運動效果、訓練反射神經

手部運動

05 大珠小珠落玉盤

仿效桌上網球的規則，將彈珠攻打進對方的陣線。守備方在對方的彈珠攻打來的時候，將彈珠擋住、並彈回去。為了在適當的時間能夠將彈珠擋住並彈回，這些動作有助於提升敏捷度。

活動之前

- 在桌子的兩側用書本或其他物品架設成擋牆，並在桌子正中間以有色膠帶貼出中間分隔線。
- 參加者各自手持桌球拍，分別坐在桌子的兩端。
- 在兩隊參加者面前，擺上相同數量的彈珠或圓球。

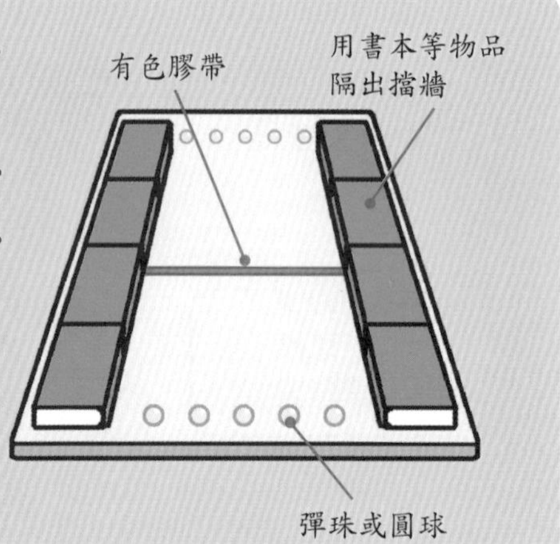

準備物品

- 桌球拍
- 厚重的書本
- 白板等可記錄的用品
- 10 個左右不易彈跳的彈珠或圓球

進行方式

1 擔任裁判的工作人員發出「開始」的指令後，參加者雙方互相將眼前的彈珠或圓球攻進對方的守備範圍。

2 當彈珠或圓球跑到自己守備的範圍內時，將其擋住、並彈回去。如果擋不住，彈珠或圓球掉到地上，就扣一分。

3 一局比賽的時間滿 5 分鐘時，出聲提醒「比賽結束！」，然後計算兩邊的球數。打到對方陣營的球列入得分。別忘了掉落在地上的彈珠或圓球，要計算扣分。分數多的那一方獲勝。

▶打到對方陣營的彈珠或圓球可獲得分數。

注意！

在配對要相互對戰的參加者時，請考量雙方手腕力道相當的人選。
如果雙方的力道都比較小時，請調整桌上賽場的範圍。

POINT

掉到地上的彈珠或圓球，容易導致跌倒，請工作人員要適時地將掉落的彈珠或圓球撿起來。

互動小技巧

「還有 10 秒鐘！」

快要接近比賽尾聲時，請讀出倒數秒數讓參加者知道，好讓他／她們可以在最後的時間內，奮力地將彈珠或圓球打到對方的守備區中。

活動人數：2～4人　　活動時間：一局10分鐘

活動目的：達到手腕與手臂運動效果、訓練反應能力、專注力

手部運動 06

滾滾桌球

使用具有彈性的桌球，來進行傳球的團隊遊戲。本活動可以提升敏捷度，同時也因需要時常注意周圍的互動，而有助於提升專注力。

活動之前

- 請參加者分別坐在正方形桌子的兩端（若參加者人數為 4 人 就請其分別坐在桌子的每一側），用有色膠帶貼出每一個參加者的守備範圍，大約自參加者的位子處起算 30 公分左右的範圍。
- 請參加者互相猜拳，以決定進行的先後順序。

【參加者（4個人的話）】

30cm

有色膠帶

準備物品

- 桌球拍
- 有色膠帶
- 桌球
- 白板

進行方式

1 擔任裁判的工作人員發出「開始」指令後，請第一位參加者將球以球拍推滾的方式傳給其他參加者。當球滾到自己的守備範圍內時，請再將球以推滾的方式傳給其他參加者。

▶請運用球拍、將球以推滾的方式傳到其他參加者的守備範圍內。

2 揮拍落空、或是在自己的守備範圍內將球滾到地上的人，扣一分。之後，發球權回到剛剛揮拍發球的參加者身上。

▶球在其他參賽者的守備範圍內掉落到地上的話，發球的人得分，並取得接下來的發球權。

3 一局比賽的時間設定為 10 分鐘，扣分少的人獲勝。

POINT
請將每一位參加者的得分寫在白板上唷！

互動小技巧

「哇！加油加油！趕快將球傳出去喔！」

為了讓球能夠快速地傳出去，工作人員可在遊戲的過程中，透過聲音來營造熱鬧的氣氛。

活動人數：一組2人（1對1），最多3組　活動時間：一局2分鐘

活動目的：達到手腕與手臂運動效果

手部運動

07 雪片飄飄

本活動是透過快速地揮動扇子，以促進手部與手腕的運動。由於關係到勝負，既可以提高參與的意願，也具有活化腦部的效果。

活動之前

- 請參加者分別坐在桌子兩端，再請工作人員使用有色膠帶，在桌子正中間處貼出分隔線。
- 請在桌上均勻地撒下碎紙片。

準備物品

- 碎紙片（可將報紙剪成約 2 ～ 3 公分左右）
- 扇子
- 白板
- 有色膠帶

進行方式

1 請先邀請參加者就定位坐好，並手持扇子。擔任裁判的工作人員發出「開始」指令時，請參加者用力地搧扇子、將碎紙片搧到對方的守備範圍內。

2 一局進行 2 分鐘。時間到之後，邀請參加者數一數自己的守備範圍內有多少碎紙片，並記錄下來。

▶掉落在地上的紙片，請工作人員協助撿起來。

3 每一組比賽進行三局左右，並分出勝負。
將碎紙片搧到對方的守備範圍，守備範圍內紙片較少者獲勝。

	1	2	3	計
王爺爺	15	24	21	60
謝先生	22	20	28	70

POINT

碎紙片若太大片，較不易以扇子搧動，因此，請盡量將紙片剪得細小一點。

互動小技巧

「請再搧用力一點喔！」

看起來快要輸的那一方，工作人員請幫他／她加油鼓勵一下喔！

活動人數：一隊1～4人，共2隊　　活動時間：一局30分鐘

活動目的：達到手臂運動效果、訓練運算能力，促進人際互動、腦部活化

手部運動 08

寶特保齡球

本活動參照一般保齡球的遊戲規則，依據所擲倒的球瓶數來決定勝負。除了參賽的參加者之外，在一旁觀戰的人也可以一起同樂，促進彼此的互動人際互動。

活動之前

- 請先將參加者分成2隊，每隊人數相同，並決定擲球進行的先後順序。
- 請將寶特瓶依照保齡球瓶的位置、擺放成三角形，並在距離球瓶3公尺的位置處放置椅子，作為參加者的擲球位置。
- 觀戰者的位置以不影響球行進為原則，建議可設在賽區周圍。

準備物品

- 寶特瓶（500ml）6個
- 塑膠球（以單手可以拿起的大小為準）
- 作為記錄用的白板
- 椅子（請依參加及觀戰人數擺放）

進行方式

1 每隊派出一位代表猜拳，決定先攻或後攻的順序。先攻隊伍的第一位擲球者，請將塑膠球向寶特瓶丟擲出去。

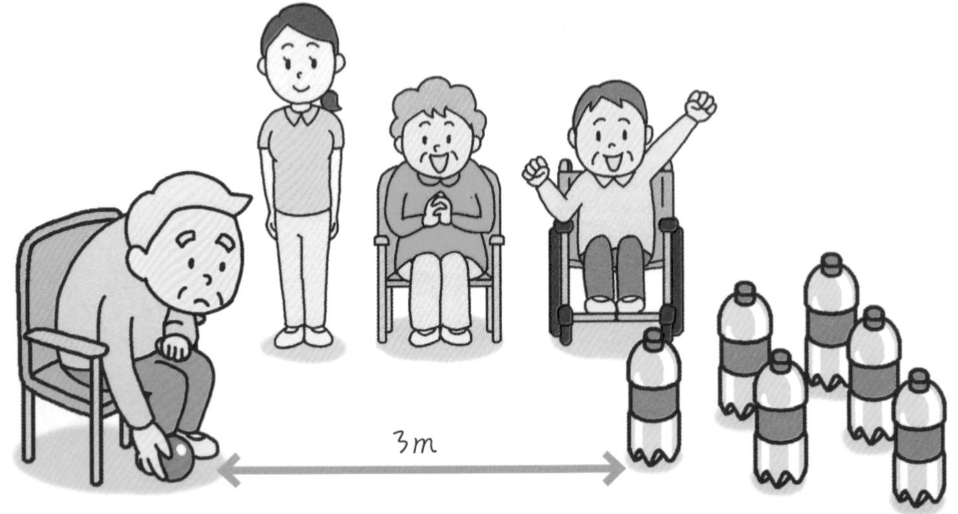

2 依照被擲倒的寶特瓶數目來計算得分，每位參加者每一輪可丟擲 2 次球，要記得合計並記錄兩次的得分。

3 接著換後攻的第一位擲球者擲球。同樣將該位參加者的 2 次合計得分記錄下來。當各隊的參加者全數都擲完球之後，計算各隊總分，由得分較多的隊伍獲勝。

▶合計得分，記得邀請參加者一起來計算得分吧！

注意！

活動中可能會有人用「投球」的方式將球丟出，這動作有可能會造成手臂受傷，或是從椅子上跌落。請工作人員隨時注意每位參加者的動作，若是看起來有危險時，請適時地提醒，「請慢慢地把球滾出去就好囉！」

POINT

如果球一直無法滾到寶特瓶的位置，工作人員請適時地協助，將擲球者的位置移到距離寶特瓶近一點的地方。

互動小技巧

「要不要再往前一步試試看呢？」

當參加者的球很難擲到寶特瓶時，將擲球者的位置調整到距離寶特瓶近一點的地方吧。

活動人數：一隊1～4人，共2隊　　活動時間：一局20分鐘

活動目的：達到手臂運動效果、訓練運算能力，促進人際互動、腦部活化

本活動是將球滾到洞裡的遊戲。球將會滾到得分較高的洞？還是得分較低的洞呢？參加者可以一起同樂，加深彼此的互動人際互動。

活動之前

- 請將記分滾球台放置好，並在距離大約 3 公尺的位置放置好椅子，作為參加者的擲球位置。
- 觀戰者的位置可以設在賽區周圍、以不影響球行進為原則。
- 如果參加者人數較多，可以再依照人數分成更多的隊伍，並在各隊中決定好擲球者的先後順序。

準備物品

- 用紙箱做出記分滾球台
- 塑膠球（以單手可以拿起的大小為準）
- 作為記錄用的白板

準備得分洞台

請將紙箱挖出9個可以讓塑膠球滾進的洞

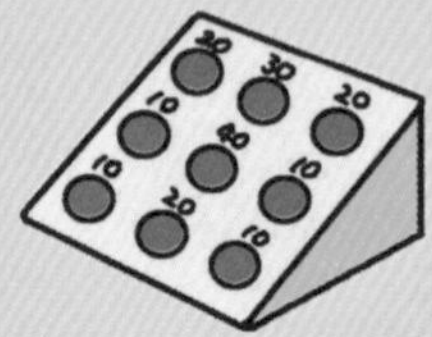

並在洞口上方寫上得分數

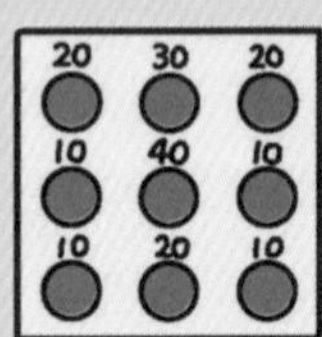

進行方式

1 在比賽開始之前，請先讓參加者練習幾次，試看看用什麼方法，才可以讓球滾進洞裡。在練習階段請先不要計分。

2 請每隊派代表猜拳決定先攻或後攻。先攻隊伍的第一位擲球者，請將塑膠球向記分滾球台擲滾出去。每位參加者每一輪丟擲 2 次。

3 請記錄下每球進洞的得分數，然後換下一位。
當各隊參加者全數都已擲滾完球，再計算各隊總分，由得分較多的隊伍獲勝。

▶請將合計的得分記錄下來唷！

注意！

在活動中可能會有人因重心不穩，而從椅子上跌落，請工作人員在一旁隨時注意參加者的動作，並適時支援。

POINT

女性參加者有可能手部的力量較弱，請工作人員視情況協助，將擲球者的位置移到距離得分洞台較近一點的地方。

互動小技巧

「您們這隊現在得到幾分呀？」

邀請參加者也一起計算得分數，可以提高活化腦部的效能。

活動人數：一隊2～5人，共2隊　　活動時間：一局5分鐘

活動目的：達到手腕與手臂運動效果、訓練運算能力、控制力

手部運動

10 丟中靶心

要將方向性不定的紙杯順利地丟擲到靶區，需要運用到手腕的力量，而這也是遊戲的重點。此外，邀請參加者一起來計算得分，有助於提升計算能力，也是目的之一。

活動之前

- 請將靶紙在地上放置好，並以距離靶紙大約 1 公尺位置處，作為參加者的擲杯位置。
- 請以有色膠帶黏貼，區隔出擲杯位置的起點，並在膠帶後方處放置椅子。
- 請將參加者依人數平均分成 2 隊，並請各隊派代表來猜拳，決定進行的先後順序，並在各隊中決定擲杯者的先後順序。

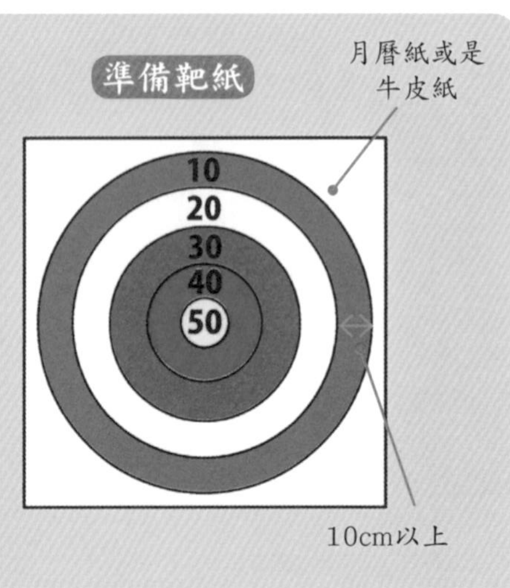

準備物品

- 用紙做出得分靶區
- 紙杯 10～20 個
- 有色膠帶
- 白板

進行方式

1 請先攻隊伍的第一位參加者，將紙杯投擲向靶紙。每位參加者每次丟擲一個紙杯，每一輪可丟擲 3 次。

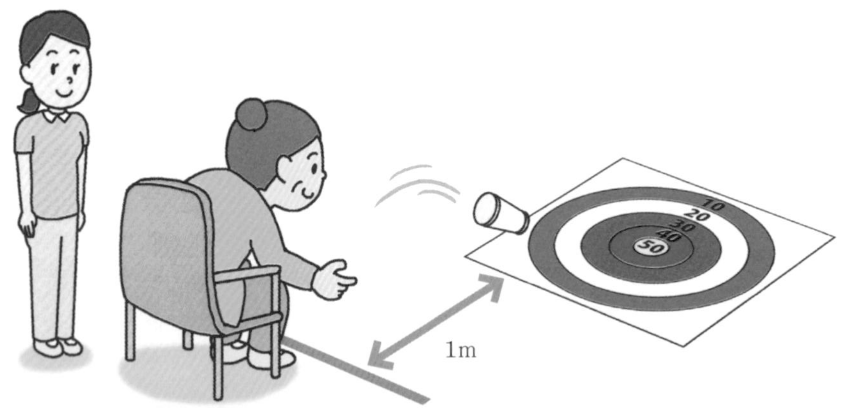

2 各隊全體參加者都進行完畢後，計算得分並記錄總分，之後請將紙杯收回。

▶請邀請參加者一起讀出得分數。

3 各隊全體參加者都進行完畢後，計算得分並記錄總分，之後請將紙杯收回。

注意！

在活動中可能會有人站起來往前，請工作人員在活動開始前，就要提醒參加者不要超過基準線。

互動小技巧

「啊呀，這次不算！」

紙杯若是未能投到靶區，則不列入次數計算，請讓參加者再投擲一次。

活動人數：一隊2～4人，共2隊　活動時間：一局10分鐘

活動目的：達到手腕與手臂運動效果、訓練運算能力、控制力

手部運動 11

命中目標

本活動是將沙包或是小球丟擲到靶區的遊戲。活動中將運用到手部與手腕的力量，請參加者計算自己的得分，亦有助於提升計算能力。

活動之前

- 請將靶紙貼在牆壁上，並以距離靶紙大約1公尺位置處，作為參加者投擲的位置。
- 請將參加者分成2隊，每隊的人數一樣。
- 請各隊派出代表猜拳決定進行的先後順序，並在各隊中決定投擲者順序。

準備物品

- 靶紙
- 沙包或小球 10 個
- 白板

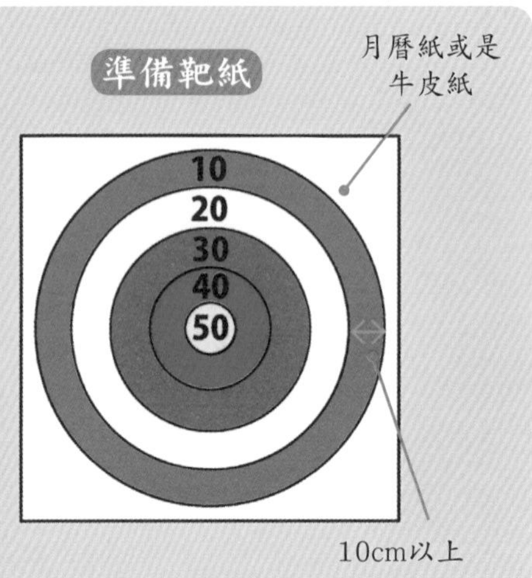

進行方式

1 請先攻隊伍第一位參加者就定位、將沙包或小球投擲向靶紙。每位參加者每一輪可投擲3次。

2 **請記錄每次投擲到的分數，待全隊隊員都進行完畢後，請計算得分並將總分記錄下來。**

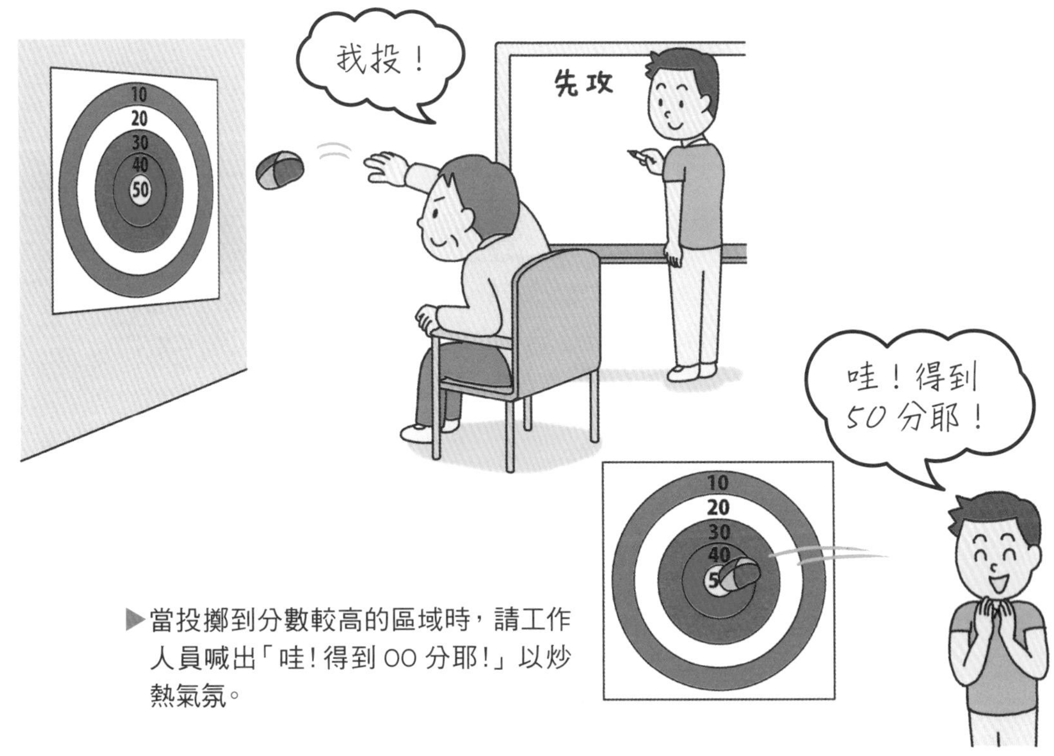

▶當投擲到分數較高的區域時，請工作人員喊出「哇！得到 OO 分耶！」以炒熱氣氛。

3 **接著換後攻隊伍。依照上述程序進行。最後記算出各隊總分，得分較多的隊伍獲勝。**

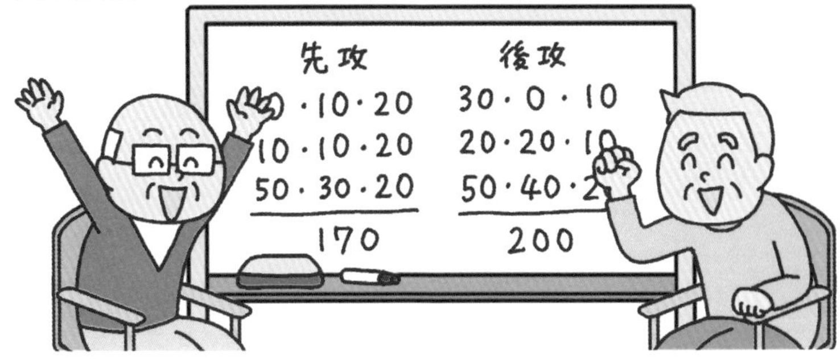

互動小技巧

請根據參加者的力道來調整投擲位置。對於女性或是力道較小的參加者，可將投擲位置的椅子往前移動。

「請問您投到幾分的位置呢？」

在沙包或小球碰觸到靶紙的瞬間，工作人員可以詢問參加者，以引起參加者的注意。

活動人數：2～5人　　活動時間：30分鐘

活動目的：達到手腕與手臂運動效果、訓練運算能力、控制力

紙杯金字塔

運用塑膠球來將紙杯打倒，比賽看看誰打倒較多。球可以用丟的、也可以用滾的，不限定方式。鼓勵參加者動動腦、想想看用什麼方法可以打倒更多紙杯。

活動之前

- 請在每一個紙杯寫上分數，例如：10分、15分、負5分……等，隨機安排即可。
- 請將紙杯在地面上往上堆成金字塔的形狀，並在距離紙杯金字塔約3公尺的地方擺好椅子，作為投擲位置。
- 請決定參加者的投擲進行順序。

準備物品

- 紙杯 15 個
- 塑膠球（以單手可以拿起的大小為準）
- 作為記錄用的白板等

進行方式

1 請第一位參加者就定位，將球擲向紙杯金字塔。

2 請在記錄被擲倒的紙杯總分後，再將紙杯還原成金字塔型。

▶重新排列紙杯金字塔時，可隨機調整杯子的得分排列方式。

3 接著換下一位參加者，依照上述的程序進行。一直進行到最後一位參加者後，計算分數，得分最高的人獲勝。

POINT

紙杯金字塔可根據參加者的狀態來調整設置的位置。投擲的位置與金字塔之間的距離越遠，難度將更高。

互動小技巧

「請問您的總分是幾分呢？」

可以詢問參加者，讓他們計算自己的得分。

活動人數：2～5人　　活動時間：20分鐘

活動目的：達到手腕與手臂運動效果、訓練運算能力、控制力

手部運動 13

一投進桶

剛開始進行此活動時，可能會覺得有一點難度，但是多玩幾次之後，就越來越能控制了。邀請參加者一起來計算自己的得分，有助於培養計算能力，也能提高參與的熱情。

活動之前

- 請準備不同大小開口的容器（桶子、盆子、或碗……等）。請在各個容器標上分數之後，隨機擺放於地上。
- 請將投擲的位置設在距離容器區約 3 公尺的地方，並擺放好椅子。
- 事先決定參加者進行的先後順序。

準備物品

- 水桶
- 寶特瓶（500ml、2L）
- 不同大小的碗
- 沙包或軟球 5 個
- 作為記錄用的白板等

圖容器的準備

數量

水桶

大碗

30
小碗

寶特瓶（大）

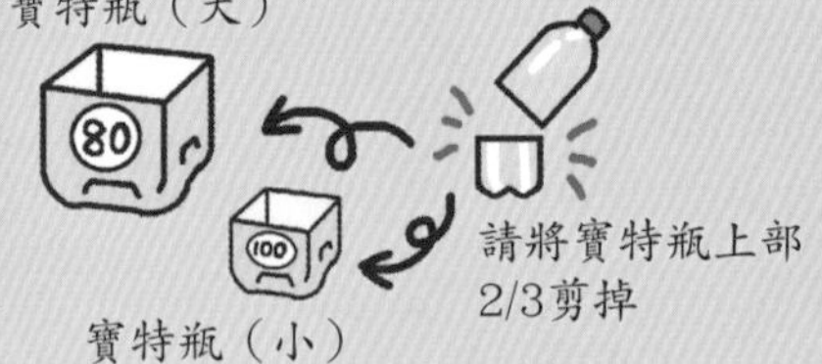

寶特瓶（小）

進行方式

1 請第一位參加者就定位、將沙包或軟球投向容器區。

2 **每一位參加者可投擲 5 次。第一次就投進的話，則依投入容器上所標註的分數計分。如果第一次沒有投進，第二次投擲時投進的話，計分則依投入的容器上所標註的分數再扣一分。**

※例如：水桶上的得分是 10 分，第一次就投進，得分以 10 分計算，若第二次才投進的話，得分為 9 分。

3 **第二位與之後的參加者，依照上述的程序進行。進行到最後一位參加者後，統計每位參加者的得分，分數最高的人獲勝。**

POINT

每一位參加者的手臂力道都不一樣，對於女性或是力道較小的參加者，可以將得分數較高的容器調整到距離近一點的位置。

互動小技巧

「請先從水桶試試看！」

從簡單的開始，是增加參加者信心的小妙招，第一投建議從水桶開始吧。

活動人數：2～5人　　活動時間：20分鐘

活動目的：訓練手指觸覺能力、專注力、促進人際互動

手部運動

14 大魚上鉤

本活動要使用搖晃的細線將大魚釣上鉤，這會有一定的難度，因此，需要集中注意力。將長靴或其他東西參雜進去、以混淆視聽，也可以增加活動過程中的笑點喔。

活動之前

- 請準備仿釣魚池的紙張、並鋪設在地上，在釣魚池裡隨機擺放各式各樣的「魚」。
- 請在釣魚池周圍擺放好椅子，邀請參加者坐下。

準備物品

- 將紙裁成各種不同的魚，約15-20尾。
- 釣竿
- 當作釣魚池的紙

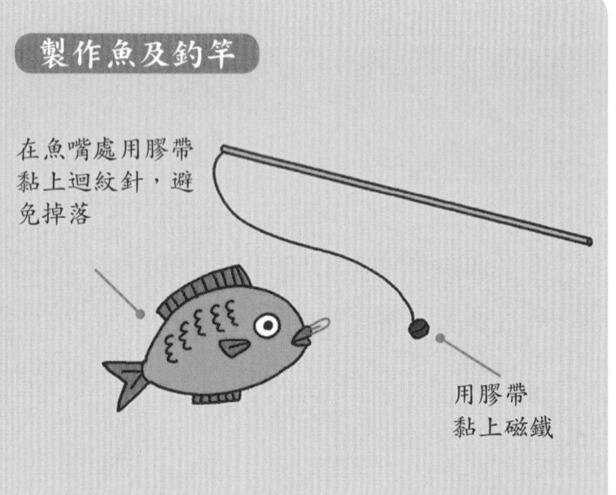

進行方式

1 在聽到工作人員的「開始」指令後，所有參加者一起開始釣魚。當釣竿上的磁鐵碰到魚嘴上的迴紋針之後，就可以將魚兒釣起來囉。

▶在釣魚時，可能會因為失去重心，而有從椅子上跌下來的危險性。請工作人員隨時在一旁注意。

2 當魚池裡的魚兒們全部都被釣光光之後，結束這一局遊戲。

3 請讓每位參加者互相比較各自所釣到的成果。

注意！

若是參加者想要釣距離自己較遠的魚時，有可能會失去平衡而跌倒。請盡量將魚兒擺放在參加者都可以釣得到的範圍內。另外，有些參加者的手可能較無法伸直，請將魚兒擺放在離他／她們比較近的地方。

POINT

可以邀請參加者一起繪製魚兒。若在遊戲規則上，再加上「如果能夠釣到自己所繪製的魚兒，可以增加得分」，這樣更有助於增添遊戲樂趣。

互動小技巧

「這是新品種的魚嗎？」

當參加者釣到長襪或者非魚類的東西時，若加上這句話，既可增加幽默感、又可以炒熱現場的氣氛。

活動人數：2～5人　　活動時間：10分鐘

活動目的：訓練手指與手臂的協調性、促進腦部活化

手部運動 15 凹凸高爾夫

雖然是依照高爾夫球的規則進行，但因為活動設計為凹凸不平的高爾夫球場地，而成為需要施力且有難度的活動。在培養手指與手臂靈敏度的同時，也具有讓參與者動動腦的機會。

活動之前

- 請在地上每30公分間隔處，放置保鮮膜紙芯，然後在上面蓋上大浴巾，當作高爾夫球場。
- 請在球場的凹陷處、分別標上得分。
- 請將揮桿處設在距離球場1公尺左右的位置，並在該處擺放椅子。
- 接著，請決定參加者揮桿的先後順序。

準備物品

- 保鮮膜紙芯5支
- 大浴巾1條
- 塑膠球（與軟式棒球差不多大）
- 玩具棒球棒
- 作為記錄用的白板等

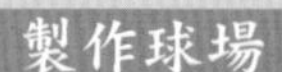

製作球場

寫上得分的紙張

10　30　50　100

大浴巾

30cm

在大浴巾下方放上保鮮膜紙芯

進行方式

1 請參加者於揮桿位置就定位，揮動球棒，將塑膠球向球場推打出去。依照球的停止點來計算得分，並在白板上記錄分數。

2 **每位參加者可揮桿 3 次，3 次得分的加總，為該位參加者的總分。下一位參加者也依照此規則進行。**

3 **當所有參加者都揮桿完 3 次之後，比較每位參加者的總分，分數最高者獲勝。**

POINT

若有無法順利揮桿碰球的參加者，也可改用手將球投擲出去，這時請工作人員協助調整椅子的方向，以正面面向球場。

互動小技巧

「啊呀！已經筋疲力盡啦……」

當參加者的球落在最近的凹陷區時，得分是零分，這時候請用可以讓對方感受到可惜情緒的語調與之互動。

活動人數：一隊2～3人，共2隊　　活動時間：一局10分鐘

活動目的：訓練手指觸覺能力、專注力、運算能力

手部運動 16 疊錢樂

這是個為了不要讓硬幣掉下來、盡量堆高，而需要運用到手指感覺與集中力的遊戲。遊戲的小技巧在於不要焦躁、冷靜地堆疊。

活動之前

- 請將參加者分成 2 個隊伍。
- 請在各隊中決定參加者進行的先後順序。

準備物品

- 玩具硬幣（每一隊大約 50 枚）

進行方式

1 請各隊派出代表，猜拳決定先攻及後攻的隊伍。先攻隊的第一位參加者請開始堆疊硬幣，不管幾枚都可以，請盡量堆疊。

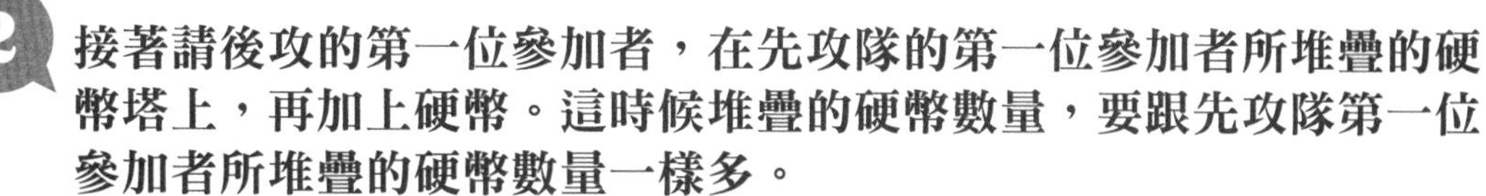

2 **接著請後攻的第一位參加者，在先攻隊的第一位參加者所堆疊的硬幣塔上，再加上硬幣。這時候堆疊的硬幣數量，要跟先攻隊第一位參加者所堆疊的硬幣數量一樣多。**

※ 例如，先攻隊第一位參加者堆疊了 5 枚硬幣，後攻隊第一位參加者也要堆疊 5 枚硬幣。

3 **依照這樣的規則繼續各隊之間的輪替。可以故意疊得歪歪的，讓硬幣塔看起來快倒了也沒關係。若是當自己堆疊時，硬幣塔倒了，那就算自己這隊輸了。**

▶可以故意將硬幣疊得歪一些，陷害對方的隊伍。

POINT

玩具硬幣的大小以直徑 5 公分左右為最佳，太小的話不容易堆疊與拿取。

互動小技巧

「請在 OO 秒內堆好唷！」

當遊戲進行一段時間、參加者都較為熟悉遊戲規則與玩法後，可以再加上時間限制，提高遊戲的難度。

小型活動

準備多

活動人數：2～5人　　活動時間：10分鐘

活動目的：訓練手指觸覺能力、抓握力、運算能力

手部運動 17

抓錢樂

進行重複抓取的動作，以刺激手指的感覺、並提升手部抓握力。
日常生活中若能經常刺激手指，據說能有效預防失智症。

活動之前

- 請在桌上放置裝有硬幣的容器、以及計算硬幣重量的秤量用具。
- 秤量用具上的重量指標，記得要先扣掉容器的重量。
- 請決定參加者進行的先後順序。

準備物品

- 1 元硬幣：大約 1,000 枚
- 盛裝硬幣之容器
- 秤量用具
- 作為記錄用的白板等

進行方式

1 **請第一位參加者在準備好的位置上就坐，使用單手、盡可能地將硬幣抓到秤量用具上的容器裡面。**

2 秤量參加者所抓取的硬幣重量，並且記錄下來。

3 第二位參加者也請依照同樣的方式進行。
直到記錄好最後一位參加者所抓取的硬幣重量後，比較每位參加者的記錄，抓取的硬幣重量最重者勝出。

注意！

對於手腕較無力抬高的參加者，請調整放置硬幣的容器至較低的位置，以協助參加者能順利參與。

互動小技巧

「請問有幾克重呢？（有多重呢？）」

在秤量硬幣重量時，邀請參加者自己讀出其所抓取的硬幣重量吧。

活動人數：2～5人　　活動時間：10分鐘　　延伸活動

活動目的：訓練手指觸感、抓握力、計算能力

手部運動 18 抓球樂

本活動是「抓錢樂」的延伸遊戲，依照同樣的遊戲規則進行，但是將抓取物換成乒乓球，增加活動的難度。本遊戲不是以秤重取勝，而是改為數算抓取的球數。

進行方式

如同「抓錢樂」的進行方式。最後邀請參加者數數自己所抓取到的球數有幾顆。

準備物品

- 乒乓球：30 個左右
- 作為記錄用的白板等
- 盛裝乒乓球之容器（例如：碗）

POINT

此遊戲也可以團隊進行。在遊戲中，請依據參加者的性別差異以及握力的強弱度來進行調整，請記得平衡各隊隊員的特質。

活動人數：一隊2～3人，共2隊　活動時間：一局3分鐘

活動目的：訓練手指觸覺能力、專注力、運算能力

手部運動

19 戰勝百克

本活動不只是提升握力的訓練，也在推測抓取物品的重量，藉此能同時培養參加者在日常生活中對重量的感覺。

活動之前

- 請在桌子上放置裝有硬幣或彈珠的容器、以及計算重量的秤量用具。
- 請記住要先扣掉容器的重量，並將秤具上的重量指標用紙遮蓋住。
- 請將參加者依人數分成相同人數的2隊，並決定各隊參加者進行的先後順序。

準備物品

- 硬幣或彈珠
- 秤量用具
- 盛裝硬幣（彈珠）之容器（例如：碗）

進行方式

1 請每隊派出代表，猜拳決定進行的先後順序，從猜勝的隊伍開始。由每位參加者自行衡量、抓取大約100公克左右的硬幣（彈珠）後，放到秤量用具上的容器內，以測量實際重量。

2 當先攻隊的所有參加者都輪完之後，換後攻隊。依照一樣的方法進行，並記錄每位參加者所抓取的重量。

3 請將各隊參加者的記錄加總起來之後，除以該隊的隊員人數，計算出的結果，最接近 100 公克的隊伍為勝隊。
另外，個人紀錄最接近 100 公克的參加者亦可得到「最佳表現獎」。

▶也請參加者一起計算吧！

POINT

如果一次抓取有困難，可以分成多次、少量抓取。抓太多的話，也可以再拿一些放回原本的容器中。

互動小技巧

「這樣會不會太多（太少）了呢？」

當參加者抓取太多、或是抓取太少的時候，可以適時出聲提醒一下。

活動人數：2～5人，共2隊　　活動時間：一局3分鐘

活動目的：訓練手指靈活度與協調性、訓練運算能力

手部運動 20

夾豆樂

此活動的重點在於如何順利地使用筷子。遊戲過程中除了可以運動到手指，也有預防失智的效果。成功夾起來的豆子數量，邀請參加者自己來數數看喔。

活動之前

- 請在桌子上放置裝有紅豆的盤子以及空盤、筷子。
- 依據參加的人數，在桌邊擺好椅子。

準備物品

- 紅豆（酌量，每位參加者所分配到的量要相當）
- 盤子（每個人二個）
- （免洗）筷子（每個人一雙）

進行方式

1 請參加者就定位坐好之後，手拿筷子。在聽到工作人員的「開始」指令之後，開始夾豆活動。請參加者用筷子將夾起來的紅豆，裝到旁邊的空盤中。

▶若是工作人員所準備的筷子，參加者不容易使用的話，改成參加者平日慣用的筷子也 OK！

2 進行大約 3 分鐘之後，結束本遊戲。

▶遊戲結束時，請大聲地、清楚地宣布遊戲結束。

3 請參加者各自數算自己所夾起來的豆子數量，夾最多顆的人獲勝。

▶在數算豆子數量的同時，可以活化腦部。

注意！

失智症者有可能會誤吃豆子，請工作人員在一旁隨時留意。
另外，活動中掉落在地上的豆子，可能會成為滑倒的因素，請工作人員要立刻將豆子撿起來。

POINT

也可以混入黃豆或不同的豆子，並在規則中加入「如果夾到其他豆子就要扣分」的規定，以增加活動的難度。

互動小技巧

「這裡有祕密武器！」

對於使用筷子有困難的參加者，在結束時間快要到之前，請給他／她一根湯匙吧。

活動人數：一隊2～3人，共2隊　　活動時間：一局3分鐘

活動目的：訓練手指靈活度與協調性、訓練運算能力、促進人際互動

手部運動 21 當湯匙遇上彈珠

這是運用湯匙來移動彈珠的遊戲。將東西舀起來的動作可以運動手腕肌肉，而最後請參加者自己數數看彈珠數量，也有助於提升計算能力。

活動之前

- 請將參加者分成人數相同的 2 支隊伍。
- 準備放彈珠的盆子及空盆，每隊皆各一個。
- 依據各隊的參加人數，在桌子邊擺好椅子。

準備物品

- 彈珠，大約 100 顆
- 湯匙（每人一根）
- 深口盆（每隊一個）
- 空盆或空碗（每隊一個）

進行方式

1 請各隊的參加者就定位坐好，每個人手拿湯匙準備。在聽到工作人員的「開始」指令之後，請同隊的隊員一起將彈珠舀到空盆中。

▶湯匙的類型有許多種，請使用參加者平日慣用的湯匙即可！

2 **每一局進行 1 分鐘。**
時間到後，請參加者停止手舀的動作，並計算盆中的彈珠數量，彈珠數量多的隊伍獲勝。

3 **在三局比賽之後，計算各隊總分，看哪一隊比較多。**

▶當參加者計算彈珠數量時，請工作人員協助將掉落在地上的彈珠撿起來。

POINT

活動過程中，彈珠很容易掉出來。當使用湯匙不好舀的時候，請工作人員視參加者的狀態，也可改用圍棋的棋子來替代彈珠。

互動小技巧

「一共舀了幾顆呢？」

邀請參加者計算自己所舀到的彈珠數量唷。

活動人數：一組2人（1對1），最多3組　活動時間：一局3分鐘

活動目的：提高心肺機能

手部運動

22 吹吹乒乓球

本活動運用嘴巴來吹氣、將乒乓球從玻璃杯中吹出。大口「呼～～」地吹氣時，有助於提升肺活量。

活動之前

- 請將玻璃杯裝水，放入乒乓球、並讓球浮在杯口。
- 將準備好的玻璃杯與乒乓球放在桌子上，並在桌邊擺好椅子。

準備物品

- 玻璃杯（紙杯也可以）2 個
- 乒乓球 2 顆

進行方式

1 請參加者就定位坐好。在聽到工作人員發出「開始」指令後，請參加者用力將乒乓球從杯子中吹出來。

2 先將乒乓球吹出來的人獲勝。

3 休息一下，接著進行下一回合。
在三局比賽之後，請參加者慢慢地深呼吸、結束活動。

注意！

如果杯中水量太少的話，怎麼吹都無法將乒乓球吹出來。
請工作人員事前先試著吹吹看，以調整杯中水量。

互動小技巧

「我們休息一下吧！」

一直持續用力吹氣是很累的。
在進行一回合後，休息一下、喘口氣吧。

POINT

如果使用紙杯的話，當參加者在扶紙杯時，有可能因為擠壓導致水溢流出來。請用堅固一點、不會讓水溢出來的杯子。

活動人數：一組2人，約2～4組　活動時間：一局1分鐘，共3局

活動目的：訓練手指觸覺能力、鍛鍊認知能力、促進人際互動

手部運動 23

報紙撕撕樂

此活動在比賽誰能將報紙撕得細又長。活動進行中，除了可以鍛鍊手指敏銳度外，思考要用什麼方式才能將報紙撕得又細又長時，也能進一步培養動腦思考的能力。

活動之前

- 請依參加者人數，將各隊的椅子排成一排。
- 在決定好每隊參加者的進行順序後，請參加者依順序就定位坐好。
- 請提供每一隊一張報紙。

準備物品

- 報紙（每一隊 1 張）
- 量尺

進行方式

1 **在聽到工作人員的「開始」指令後，請每隊的第一位參加者，將手中拿到的報紙撕開；一個人進行 30 秒，盡可能撕得越長越好。**

2 **在進行 30 秒後，換第二位參加者接著撕。**
若中途不小心撕斷了，則將被撕斷的部分放在一旁，從斷處重新開始撕。

3 **當各隊所有參加者都進行完畢後，請用量尺測量總長度。**
中途撕斷的部分，也可列入計算。加總起來，總長度最長的隊伍獲勝。

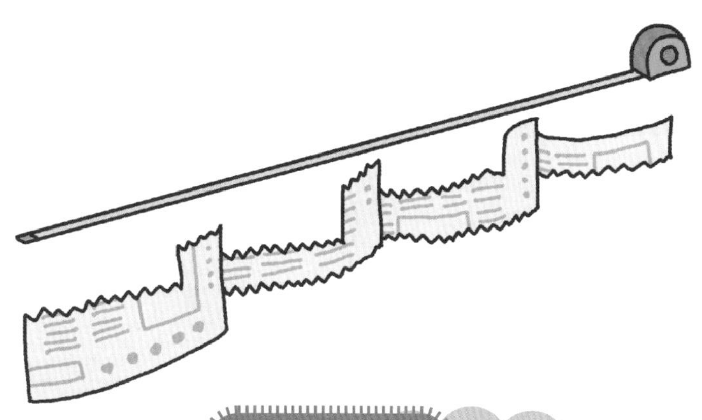

POINT

直撕、橫撕或斜撕都無妨。可能會有一開始不知道該怎麼撕的參加者，請在遊戲開始前，由工作人員向參加者示範進行方式。

互動小技巧

「OO 隊的最長唷！」

當測量完各隊撕下的報紙總長度後，可以將測得的記錄告知參加者，並出聲鼓勵優勝隊伍。

活動人數：一組2人，約3～4組　　活動時間：一局1分鐘，共3局

活動目的：達到手指與手臂運動效果、促進人際互動

手部運動

24 拉緊報

活動以一組 2 人，將報紙拉開，先將報紙拉破的那一組獲勝。運用恰當的力道與適當的時間點是本活動的重點，合作過程中也有助於促進彼此的互動人際互動。

活動之前

- 請將參加者 2 人配成一組，面對面坐好。
- 請提供每一組一張報紙。

準備物品

- 報紙（每一組 1 張）

進行方式

1 請參加者面對面就定位坐好，並分別抓住報紙的兩端，做好準備。當工作人員說「開始！」，請參加者們用力地拉報紙。

2 最先將報紙拉破的那組獲勝。

3 在進行三回合後，結束本遊戲。

注意！

在用力拉報紙的同時，也有可能會向後翻倒。請工作人員以能夠迅速移動的姿勢，站在椅子的後方，守護參加者。

POINT

如果有多組同時將報紙拉破，則請以拉痕較為整齊的那一組為勝。

互動小技巧

「請問您用了什麼妙招，才能讓報紙比較容易被拉破呢？」

當有報紙被拉破的那一瞬間，可以請拉破的那一組參加者，指導陷入苦戰的組別。

活動人數：一組2人，約3～4組　　活動時間：一局5分鐘

活動目的：達到手指與手臂運動效果、鍛鍊認知能力、促進人際互動

手部運動 25

投球問答

兩人互相傳投球的同時，也互相詢問彼此問題，可以讓還不是很熟悉的參加者，增進彼此的認識與了解。

活動之前

- 請參加者協助將報紙揉成球狀。
- 依參加者人數將等量的椅子排好

準備物品

- 報紙

進行方式

1 **請參加者 2 人一組、面對面坐好。其中一人在傳球的同時，要想一個問題問對方。**

2 **接球的那一方要回答問題，然後再將報紙球投出去時，詢問對方一個問題。**

3 **大約進行 5 分鐘之後，結束一局。**

POINT

可能有些參加者會不知道問什麼問題，工作人員可以事先想好幾個問題，當有參加者不知道要問什麼時，就可以給一點提示。

互動小技巧

「大家有沒有更了解對方呢？」

當準備要結束遊戲時，可以在雙方對話的恰當時機適時地結束本活動。

活動人數：2～5人

活動時間：一局15分鐘

活動目的：達到手臂運動效果、促進人際互動，促進腦部活化、提升語言能力

手部運動 26

傳球接龍賽

本活動同時進行兩個動作！既能夠讓腦袋運轉也同時運動身體，是預防失智症的最佳活動。

活動之前

- 請將椅子擺好，椅子與椅子中間大約間隔 2 公尺。
- 請確認參加者進行的先後順序、並依照順序入座。

準備物品

- 塑膠球或氣球

進行方式

1 請第一位參加者喊出一個詞彙，同時將球傳給下一位參加者。

2 **第二位參加者在接球的同時，要依第一位參加者所喊出詞彙的尾音接龍，喊出另一個詞彙，並將球傳給第三位參加者。**

3 **當進行到最後一位參加者時，請再依序輪回來。**
若是球在中途落地、接續的詞彙接錯或接不上的時候，就算輸了。

▶若增加時間限制，
會讓氣氛更活絡。

注意！

在傳球時，有些參加者可能會很緊張焦慮，而打到或撞到其他參加者。請工作人員在活動開始前，提醒參加者「將球輕輕地傳出去就好囉！」

互動小技巧

「大家都太厲害了！
我們要提高遊戲難度囉！」

如果無法分出勝負時，可以調整遊戲規則，增加傳球的時間限制，例如：請在 3 秒鐘內將球傳出去……等。

活動人數：一組2人（1對1），共3～5組　活動時間：一局10分鐘

遊戲目的：訓練瞬間爆發力、發聲、情感表現

手部運動

27 拳拳我最響

本活動是讓參加者感受喜悅或後悔情緒的遊戲。參加者大聲地將情感表現出來，加上臉部表情與身體動作，有別於平日的表情，更能豐富地表現情感。

活動之前

・請將對戰雙方進行分組，並請其面對面就定位坐好。

進行方式

請參加者猜拳，勝方喊出「耶！我贏了！」，敗方則喊出「唉呀！我輸了！」

POINT

在活動開始前，請參加者一起練習喊出「耶！我贏了！」、「唉呀！我輸了！」，可以稍微舒緩緊張情緒，在活動中比較容易將聲音喊出來。

互動小技巧

「請大家要盡量將聲音喊出來唷！」

請儘量以正向的音調，鼓勵參加者們大聲地將聲音喊出來。

小型活動

準備　無

遊戲人數：一隊1～2人，共2隊　　遊戲時間：一局5分鐘

遊戲目的：達到手臂運動效果、鍛鍊思考能力、訓練抓握力

上半身運動 28 咚咚相撲

本活動是紙相撲的擴大版。在進行時要敲打當作擂台的箱子，透過震動藉以移動相撲力士。除了需要使用到手臂力量之外，在思考敲打什麼位置，也需要動動腦。

活動之前

- 請將當作擂台的紙箱放置好，並放上紙做的力士，讓相撲力士於擂台上站好。

準備物品

- 使用紙板裁製成的相撲力士
- 使用紙箱做成的相撲擂台
- 棒子（將報紙捲成圓柱狀當作擊打的棒子）

準備物品

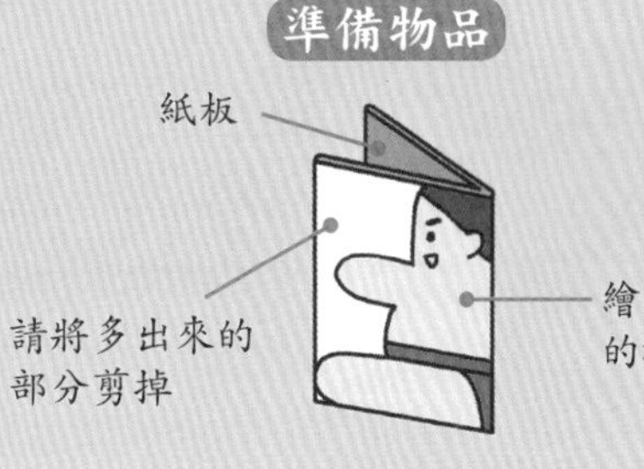

進行方式

在聽到工作人員「開始」的指令後，請參加者手拿棒子「咚咚咚」地敲打紙箱擂台。哪一方參加者所代表的力士先倒下或從紙箱擂台掉出去，就算輸了。

注意！

觀戰的人可以坐在不會影響到棒子敲打、或是不會被棒子敲打到的位置。

互動小技巧

「喔，現在是OO領先了唷！」

工作人員在擔任活動主持與裁判的時候，可以製造出相撲現場的臨場氣氛。

活動人數：2～5人　　活動時間：一局5分鐘

遊戲目的：達到手臂運動效果、訓練韻律感、提高心肺機能

上半身運動

29 拍拍我的肩

本活動是一邊唱歌、一邊拍拍自己肩膀的遊戲。單純地唱歌或單純地拍拍肩膀，雖然也有某種程度的效果，但是當兩者同時進行時，更有助於活化腦部。

活動之前

- 一開始請先不要加動作，先唱歌就好。
- 請在白板上寫下歌詞。

準備物品

- 節奏二二拍子或四四拍子的歌曲（例如：甜蜜的家庭、小星星、茉莉花……）

進行方式

請參加者面對工作人員坐成一排，一邊唱歌、一邊隨著旋律拍打自己的肩膀。在拍打肩膀時，請左右交換進行，先從每一邊拍8下、到每一邊拍4下、再到2下、1下，然後最後到拍手。

POINT

當參加者越來越熟悉曲調與節奏之後，可以調換原本進行的左右順序、或是變換不同的動作，以增加活動的豐富性與難易度。

互動小技巧

「大家的歌聲真好聽！」

可能有些參加者會不好意思唱出聲音，工作人員可以鼓勵大家，以舒緩緊張的情緒。

小型活動

準備少

遊戲人數：2～5人　　遊戲時間：10分鐘

遊戲目的：達到手臂運動效果、訓練手指觸覺能力、引導長者回想

我的紙飛機

應該每個人都曾有在孩提時期玩過紙飛機的經驗與記憶。本活動透過與參加者摺紙飛機、玩紙飛機的過程中，引發參加者回想以往的記憶、同時有助於鍛鍊腦部。

活動之前

- 請先確認手擲紙飛機的起始點，並以有色膠帶貼出起始點的位置。

準備物品

- 色紙
- 有色膠帶

進行方式

請參加者依各自喜歡的樣子，摺出專屬於自己的紙飛機。
摺好後，拿著紙飛機到起始點，將紙飛機手擲出去，飛得最遠的人獲勝。

POINT

請工作人員在事前先練習如何摺紙飛機，以熟悉紙飛機的摺法。若是有參加者摺不出來，則請工作人員適時協助，或是將事前摺好的飛機交給他／她。

互動小技巧

「預備～飛吧！」

配合著工作人員的聲音，奮力地將紙飛機投擲出去吧。

活動人數：一組2人，共2～5組　　活動時間：一局5分鐘

活動目的：訓練手指觸覺能力、促進人際互動

上半身運動

31 瓶蓋洞洞

能不能將瓶蓋順利地移動到得分目標的洞裡呢？本活動在促進手指敏銳度以及團隊合作。

活動之前

・請先確認各組的組員。

準備物品

・厚紙板（例如可將紙箱裁剪成厚紙板），並在紙板上挖開洞口、標上得分數。
・寶特瓶蓋

製作得分板

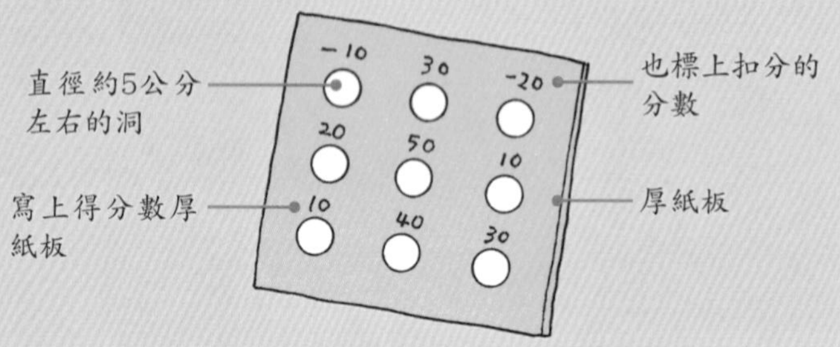

進行方式

1 請參加者雙方各抓著得分板的兩邊，然後，請工作人員將寶特瓶蓋放到得分板上，做好開始的準備。

▶在開始之前，請工作人員也一起幫忙扶厚紙板。

2 **在聽到工作人員說「開始」之後，請參加者雙方互相協力合作，運用不同角度傾斜紙板，將寶特瓶蓋移動到洞口，使瓶蓋掉進期待的得分洞口中。**

3 **在5分鐘之內，得分數最高的那組獲勝。**

注意！

如果沒有坐好或只是淺坐，在活動進行中，可能會因為太過投入而發生從椅子上跌下來的危險。請在活動開始之前，先確認每一位參加者都有確實坐好。

POINT

得分板也可以用報紙製作。對於手持紙箱板有困難的參加者，可以將紙箱得分板換成報紙製的得分板。

互動小技巧

「請問瓶蓋落到幾分的洞裡呢？」

邀請參加者自己確認是否進洞，並說出分數，可以誘發參加者的注意力。

活動人數：4～8人　　活動時間：一局5分鐘，共3局

活動目的：訓練手指觸感、專注力、提高心肺機能

上半身運動 32

吹吹骨牌

本活動是利用吹氣來推倒骨牌的遊戲。輕輕吹是無法將骨牌吹倒的，需要集中注意力、用力地吹氣。而排列骨牌的同時，也在培養手感與專注力。

活動之前

- 請先讓參加者彼此之間決定吹氣的先後順序。如果大家都很客氣地推讓，則請工作人員來決定進行順序。

準備物品

- 骨牌，大約 10 個左右

※ 以目測 3X5 公分左右的大小即可

進行方式

1 請參加者合作，先將骨牌在桌子上排列好。

▶培養手感。

2 不使用手、而是以吹氣的方式將骨牌吹倒。

▶工作人員請在一旁隨時留意，不要讓參加者太過勉強自己。

3 請參加者輪流吹氣，一直到將骨牌全數吹倒。在進行 3 回合之後，結束本活動。

POINT

在排列骨牌時，請發給每位參加者相同數量的骨牌，並請其依照順序來排列。

互動小技巧

「一、二、三，吹～～」

當每一位參加者在吹氣時，可以邀請所有人一起幫忙加油打氣，以增加團結感。

活動人數：一隊2～4人，共2隊　　活動時間：一局3分鐘，共2局

活動目的：達到手腕與手臂運動效果、訓練控制力、瞬間爆發力

上半身運動 33

沙包攻防戰

本活動分為攻守兩隊，在比賽過程中，看看哪隊投入籃子中的沙包數量較多，也會產生心跳加速的興奮感。

活動之前

・請先將參加者分為相同人數的 2 支隊伍，並決定進攻隊與防守隊。

準備物品

・沙包　・籃子
・球拍

進行方式

1 請進攻隊與防守隊兩隊參加者面對面坐下，將籃子放置於防守隊員的腳前方，並讓防守隊員手握桌球拍，進攻隊員則手持沙包準備好。

2 等兩隊都準備好、在聽到工作人員發出「開始」指令聲後，請進攻隊員將手中的沙包瞄準對面的籃子丟進去；防守隊員則用手中的桌球拍將沙包擋掉，讓飛來的沙包無法進籃。

▶請工作人員要特別注意，避免防守隊員們發生從椅子上跌落的危險。

3 進行 3 分鐘之後，結束一局遊戲。邀請參加者一起數數看，籃子中有幾顆沙包。之後，進攻隊與防守隊攻防互換，依照遊戲規則進行下一回合。遊戲結束後結算，將較多顆沙包投進籃子中的隊伍獲勝。

POINT

請在一旁的工作人員將未能投入籃子中的沙包撿起來，並遞給進攻隊隊員。

互動小技巧

「一個、二個～～」

在計算投進籃中的沙包時，可以大聲地數出來，以提高參與的熱度與氣氛。

活動人數：一隊4人，共2隊　　活動時間：一局5分鐘

活動目的：達到手臂運動效果、訓練手指觸覺能力，促進人際互動

上半身運動

34 浴巾傳球

本活動是使用大浴巾來運球的遊戲。重點在於手持大浴巾兩端的參加者，彼此必須要有默契地進行團隊合作。

活動之前

- 請先將4人一組分成兩隊，並在同隊中再依2人一組、分成2組。
- 在同一隊中，請決定先攻的組別。先攻組要先將球以浴巾傳給另一組。

準備物品

- 大浴巾（一隊2條）
- 塑膠球

進行方式

1 **每2人一組、各自手持浴巾的兩端，並在各隊先攻組的浴巾上放塑膠球。當聽到在工作人員「開始」的指令聲後，請用浴巾將球傳給同隊的後攻組。**

2 後攻組以浴巾接住球，然後再以浴巾傳回去給先攻組。

▶如果同組成員沒有默契的話，很難將球順利地傳出去。建議可以讓組員發出一起動作的聲音（同時數 1、2、3），以增加傳球的成功性。

3 進行約莫 5 分鐘左右，球未落地、互相傳球成功時間較長的隊伍獲勝。

互動小技巧

「找到彼此的節奏與默契，這樣會較容易成功！」

請鼓勵參加者找到彼此的節奏與默契，在適當的時間點傳球、可以增加成功機會。

POINT

在找到順利傳球的技巧之前，需要花較多時間來培養默契。當球第一次落地時，請當成是練習，先不要列入計分之中。

活動人數：4～8人　　活動時間：一局5分鐘

活動目的：達到手腕與手臂運動效果，訓練控制力、運算能力

上半身運動 35

人型套圈圈

本活動要請工作人員當作套圈圈的標靶，參加者要能夠命中目標，需要控制手部的力量。邀請參加者計算自己的得分，亦有助於鍛鍊計算能力。

活動之前

- 請先確認圈圈套住各個部位的得分數。
- 例如：圈圈若是套住頭部則得到 10 分；若是套住手部則得到 5 分。
- 決定參加者進行的先後順序。
- 請擔任標靶任務的工作人員，坐在距離參加者 3 公尺左右的地方。

準備物品

- 用報紙做成套投的紙圈，大約 10 個左右

※ 紙圈的直徑約 30 公分

進行方式

1 每位參加者各自手持 2 個紙圈，面對擔任人型標靶的工作人員，向人型標靶丟擲套投。

▶請每位參加者輪流先投一個紙圈，投完一輪、再換下一輪。

2 當全員都投擲完畢之後，請計算得分數。

▶如果參加者將紙圈投到遠處，請擔任人型標靶的工作人員移動身體去接住紙圈、以增加參加者的得分數。

3 進行 2 回合左右，合計分數最高的人獲勝。

	1	2	計
林奶奶	5	5	10
張伯伯	0	5	5
田爺爺	10	5	15

POINT

對於將紙圈投到人型標靶比較有困難的參加者，請工作人員移動身體去接住紙圈，以增加參加者的得分。

互動小技巧

「得分！」

當參加者的紙圈投中人形標靶時，請大聲地喊出得分，以鼓舞參加者。

活動人數：4～8人　　活動時間：20分鐘

活動目的：達到手臂運動效果，訓練控制力、促進人際互動

心花朵朵開

本活動在運用手臂力量的同時，也促進所有參加者共同合作，培養團隊默契。看著花兒逐漸滿開的樹木，也能促使參加者獲得成就感。

活動之前

- 請先發給每位參加者大約 3 朵紙花。
- 請在白板上畫上樹木的圖形，並將透明膠帶捲成小圓狀貼在白板樹上，讓參加者丟擲紙花。

準備物品

- 用紙做成的花朵
- 白板
- 透明膠帶

進行方式

1 請每位參加者依序將手上的紙花，擲向白板的樹木上。

▶每一個參加者手持 3 朵紙花。

2 如果紙花掉在地上，請工作人員協助撿起來、並交還給該位參加者。

3 當參加者手上的紙花全數都投貼到白板上的樹之後，則結束本活動。

POINT

對於將紙花投擲到白板所畫的樹上較有困難的參加者，請工作人員協助，適度移動他／她到距離白板近一點的地方。

互動小技巧

「一起讓枯樹開出美麗的花兒吧！」

請跟著參加者在投出紙花的同時，出聲鼓舞。

活動人數：4～8人　　活動時間：10分鐘

活動目的：達到手腕與手臂運動效果，訓練控制力、想像力、促進人際互動

上半身運動 37 這是誰的臉

進行本活動不需矇上眼睛，請參加者將臉部的五官，投向畫有大型臉部輪廓的紙上，一起創作出一個臉。在投出五官時，需要運用到控制力。而越具喜感的臉，則越能夠引發出參加者的笑聲及歡樂氣氛。

活動之前

- 請先將巨幅的臉部輪廓放置在地上。
- 請每位參加者坐在距離巨幅臉約 1 公尺左右的位置，並且手持不同的五官部位。

準備物品

- 在厚紙板上畫下巨幅的臉部輪廓
- 繪製出相對應於巨幅臉部輪廓的五官部位

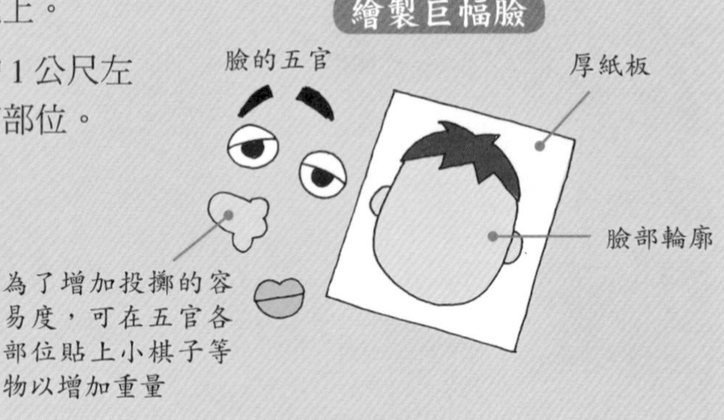

進行方式

1 請工作人員給予提示，邀請參加者依手上的五官，投到目標位置上。

2 **當參加者手上的所有五官部位都投擲之後，完成臉部表情的創作，就算完成此活動。活動後，邀請大家一起看看共同創造出的臉長什麼樣子吧。**

▶如果參加者未能順利地投到巨幅臉型中，請工作人員協助撿起掉落的五官部位，並交還給該位參加者、請其再投擲一次。

3 **也可以換成女性的臉及五官，進行幾次之後結束本活動。**

POINT

若是將臉換成參加者所熟悉的工作人員，則更能增加樂趣。

互動小技巧

「請問這是誰的臉呀？」

當五官表情完成之後，可以鼓勵參加者一起動動腦、說說看這個臉像誰。

活動人數：一隊2～4人，共2隊　　活動時間：一局1分鐘，共3局

活動目的：達到手臂運動效果、訓練控制力

上半身運動 38

誰的毛巾高

這個活動看似是個將毛巾放上椅子的簡單遊戲，但能否成功將不同毛巾堆疊在椅子上？要順利地將更多毛巾堆疊上去，需要將毛巾用什麼形狀來堆疊？這些小技巧都需要動動腦唷。

活動之前

- 請先將參加者依人數分成相同人數的 2 支隊伍。
- 每一隊的前方各放置一張椅子，並在距離該椅子約 2 公尺左右處，放上與參加者人數相等的椅子，作為投擲毛巾的起點。

準備物品

- 椅子
- 毛巾（每一隊十多條）

進行方式

1 請工作人員發出「開始」的訊號，並請參加者將手上的毛巾，以可以堆疊到椅子上的方式，投擲至前方的椅子上。

2 進行 1 分鐘之後，算算看哪隊的前方椅子上堆疊了最多毛巾，就算獲勝。

▶活動結束之後，邀請參加者一起將毛巾摺疊好，並清洗乾淨。

3 進行 3 回合之後結束本活動。

POINT

毛巾要攤開、或是捲成圓球狀，不論何種形狀都可以，請交由參加者自行發揮。

互動小技巧

「加油！加油！看看哪一隊堆得多唷！」

在有限的時間內，只要多一條毛巾就獲勝，請出聲幫各隊加油吧。

活動人數：一隊3～4人，共2～3隊　活動時間：一局5分鐘

活動目的：達到手腕與手臂運動效果，訓練控制力、抓握力、運算能力

上半身運動 39

集集傘中球

本活動是將紙球投入搖晃雨傘中的遊戲。投入幾顆球，邀請參加者自己算算看，有助於強化計算能力。

活動之前

- 請先將參加者以相同人數分成 2 ～ 3 隊。
- 將傘打開，並倒置於每一隊的定位點，請參加者圍坐在該隊的傘周邊。
- 座位請安排在距離傘周圍約 2 公尺左右的位置。
- 請將報紙放在參加者伸手可觸及之處。

準備物品

- 傘（依隊伍的數量）
- 報紙（每個人 5 ～ 10 張）

進行方式

1 在聽到工作人員「開始」的指令之後，請參加者將手邊的報紙揉成圓球狀，投擲至前方的傘裡。

▶由下往上的姿勢相對地較容易投入傘中。

2 當報紙球全數投出去時，結束遊戲。請各隊成員計算看看自己隊伍的傘裡，有多少顆報紙球。

3 傘裡球數較多的隊伍獲勝。

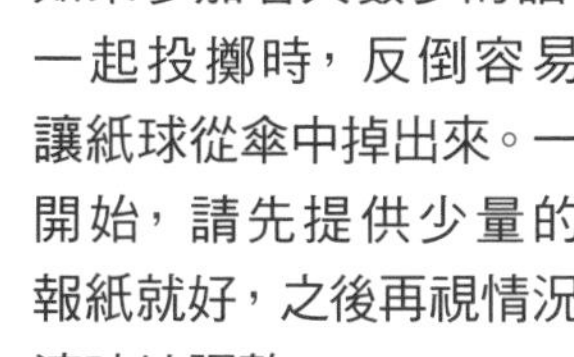

如果參加者人數多的話，一起投擲時，反倒容易讓紙球從傘中掉出來。一開始，請先提供少量的報紙就好，之後再視情況適時地調整。

互動小技巧

「要瞄準再投唷！」

太緊張的話，反而會投不進去。提醒參加者要瞄準好、再朝目標投出。

活動人數：一隊2～5人，共2隊　　活動時間：一局10分鐘

活動目的：達到手臂運動效果、促進人際互動、腦部活化

上半身運動

40 滾滾保齡球

本活動要將球滾向標的物，球停止的位置距離標的物越近者獲勝。當自己隊伍的球彈到對方隊伍的球也無妨，在思考作戰方式時，同時強化與鍛鍊腦部。

活動之前

- 請在地上以有色膠帶或是麻線等細長物，圈出半徑約 30 公分的圓圈。
- 請將參加者依人數分成紅隊與藍隊，兩隊人數相同。
- 以紅隊、藍隊、紅隊、藍隊……的交錯方式，請參加者圍坐在圓圈周圍 1 公尺距離處。
- 請分別在紅隊與藍隊裡，決定每一位參加者的投球先後順序。

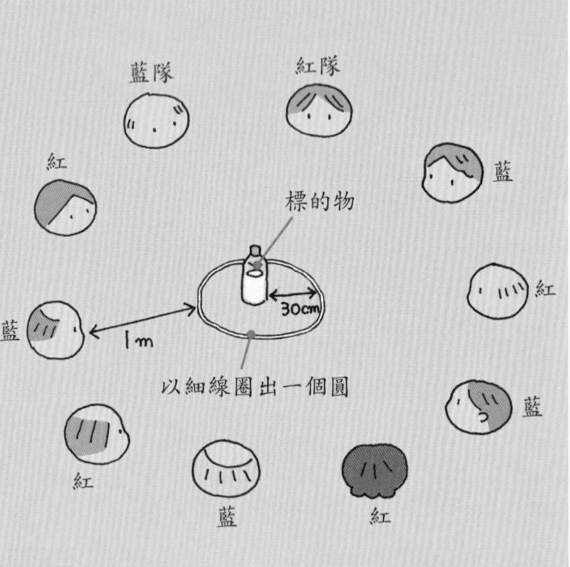

準備物品

- 可以當成標的物的物品
※ 例如：裝入水的寶特瓶
- 紅色及藍色之不同顏色的塑膠球（球數依參加者人數而定）
- 有色膠帶或是繩子等

進行方式

1 **請每隊派出代表，猜拳決定進行的先後順序，由贏的那隊先攻。從第一位參加者開始，將手中的球投滾向圓圈中間的標的物。**

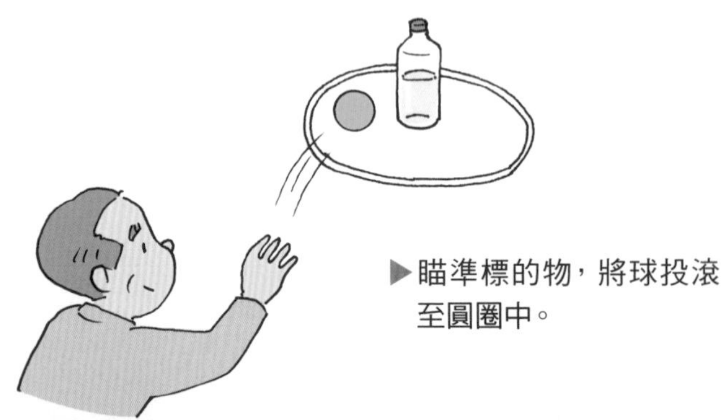

▶瞄準標的物，將球投滾至圓圈中。

2 **接著換後攻隊的第一位參加者，將手中的球投滾向標的物。用自己的球將對方隊伍的球推離距離標的物更遠之處也可以。兩隊互相交替進行，直到每一位參加者手中的球都投出去為止。**

▶把對方的球彈出圓圈也是戰略唷。

3 **數數看圓圈裡的球數，顏色較多的隊伍獲勝。若是球數相同，則以球與標的物之間距離最近的隊伍獲勝。**

注意！

球從上面投擲的話，會造成肩膀痠痛的可能性。請工作人員在活動開始前，示範從下往上投滾球的動作，提醒參加者儘量以滾地球的方式將球擲滾出去。

POINT

如果參加人數多的話，中心的圓圈範圍可以擴大一些。在圓圈中可以容納的球數越多的話，比較能夠提升參加的樂趣。

互動小技巧

「哎呀！只差一點點呀！這一隊獲勝！」

為了不讓得分數差距太大，事前分組時，請注意參加者的特質，進行分配。判定結果時，也請工作人員適度地加減得分。

活動人數：一隊3～4人，共2隊　　活動時間：一局5分鐘

遊戲目的：達到手腕與手臂運動效果、鍛鍊認知能力、訓練控制力

上半身運動 41

球碰空杯彈

本活動是將手中的沙包或小球投向當做炸彈的杯子，並將杯子炸彈打到對方陣線的遊戲。擲出手中的沙包或小球，碰到杯子炸彈時，發出「砰！」的聲響就算達陣。想想要在什麼時機投擲，一邊動動腦、一邊進行活動吧。

活動之前

- 請先將參加者依人數分成相同人數的 2 支隊伍，並請兩隊成員彼此距離約 3 ～ 4 公尺面對面而坐。
- 在兩隊成員中間，以有色膠帶貼出分隔線，並在分隔線上將當作炸彈的容器排列好。

準備物品

- 優格或是布丁的空杯（依參加者人數而定）
- 沙包或塑膠小球（每個人 2 顆）
- 有色膠帶

進行方式

請參加者將手中的沙包或塑膠小球，瞄準作為炸彈的空杯，將空杯打到對方隊伍的守備範圍內。當參加者手中所有的沙包或小球都擲出後，遊戲結束。將較多空杯打到對方陣營的隊伍獲勝。

POINT

要兩隊同時進攻，或是要先等一隊攻完、另一隊再進攻，兩種方式都可以。請在活動開始之前說明清楚遊戲規則，並邀請參加者一起討論決定。

互動小技巧

「哇！爆炸了！」

當空杯炸彈被打越過中線的時候，可以加上聲音助陣，一起提高對戰的氣氛吧。

遊戲人數：一隊3～5人，共2隊　　遊戲時間：一局1分鐘，共3局

遊戲目的：達到手臂運動效果、鍛鍊認知能力、訓練控制力

上半身運動 42

顏色對對碰

本活動不只在培養控制力，要對應相同顏色，亦需要仰賴判斷力。雖然只有 1 分鐘的時間限制，但是冷靜沉著地投擲，命中率會高一些。

活動之前

- 請將參加者依人數分成相同人數的 2 支隊伍。
- 請將水桶依照等距間隔擺放好，並在距離水桶約 3 公尺處設定為投擲位置，請同隊的參加者依序排好。

準備物品

- 3 種不同顏色的沙包或是塑膠小球
- 與沙包或塑膠小球相同顏色的三個水桶

※ 若是找不到相同顏色的水桶，用色紙貼在水桶上也可以唷。

進行方式

在 1 分鐘的時間限制下，請參加者依序輪流將手中的沙包或塑膠小球投入相同顏色的水桶中。如果投到不同顏色的水桶中，則不列入計分。進行 3 回合之後，加總得分，投進最多沙包或小球的隊伍獲勝。

POINT

水桶跟水桶之間的間隔縮短的話，投錯的機會大增，更能提升遊戲的刺激感。

互動小技巧

「哇，現在是 A 隊佔上風唷！」

工作人員請在一旁進行實況報導，以提升活動進行的氣氛。

活動人數：一隊3～4人，共2隊　活動時間：一局5分鐘

遊戲目的：達到手腕與手臂運動效果、促進人際互動、訓練控制力

上半身運動 43

救救受困球

本活動是運用報紙球、儘早將氣球從繩子圈成的圓圈中解救出來的遊戲。在投擲報紙球的時候，氣球也有可能再被推回繩圈中心，因此控制力相當重要。

活動之前

- 請將參加者依人數分成相同人數的 2 支隊伍。
- 在地上以繩子圈出直徑約 1.5 公尺（150 公分）的圓圈，每一隊一個繩圈，並在繩圈中心放上吹得飽滿的氣球。
- 請每一隊的隊員圍繞著該隊的繩圈坐好，並在每一位參加者手邊準備好報紙。

準備物品

- 麻繩
- 氣球或塑膠球
- 報紙

進行方式

請工作人員擔任裁判，在「開始」的提示聲下，請參加者將手邊的報紙揉成圓球狀，瞄準氣球擲出，最先將氣球彈出繩圈外的隊伍獲勝。

POINT

若是參加人數多，可以將氣球換成橡膠球，因為報紙球較難推動塑膠球，而可以延長遊戲進行的時間。

互動小技巧

「加油！只差一步了！」

當氣球只差一點點就完全跨到繩圈外面的時候，請給予一些加油鼓舞吧。

遊戲人數：一隊3～4人，共2隊　　遊戲時間：一局5分鐘

遊戲目的：達到手臂運動效果、促進人際互動、訓練抓握力

上半身運動 44 單邊拔河賽

調整原本兩隊互相較勁使力的拔河賽規則，由多人對一人，當參加者共同使力拉繩子時，可以培養團隊合作。

活動之前

- 請將參加者依人數分成相同人數的 2 支隊伍，並在各隊內決定參加者的排列順序。
- 請每隊的隊員排成一列坐好。
- 請將長布條的一端纏繞在工作人員的腰上（請不要打結），另一端則交由該隊的第一位參加者，手持著繩端做好準備。

準備物品

- 長布條（布條寬大約 3 公分左右）

※ 若是找不到一條夠長的布條，也可以將不同的布條接綁成一條長布條。

進行方式

工作人員發出「開始」的指示後，請每隊的第一位參加者拉長布條，將拉過來的布條往後傳給下一位隊員。另一端綁住布條的工作人員，請一邊發出抵抗的聲音，一邊跟著參加者拉動布條的韻律、自己轉圈圈，好讓布條可被拉向參加者那一邊。最先將工作人員身上布條拉過來的隊伍獲勝。

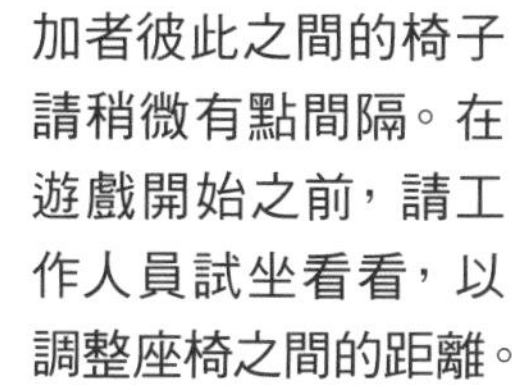

因為要拉動布條，參加者彼此之間的椅子請稍微有點間隔。在遊戲開始之前，請工作人員試坐看看，以調整座椅之間的距離。

互動小技巧

「哇，大家今天的力氣都很大呀！」

綁住繩索的工作人員請配合參加者拉繩的節奏，一邊演出以拉抬活動的氣氛。

活動人數：一隊5～10人，共2隊　　活動時間：15分鐘

活動目的：達到手腕與手臂運動效果、訓練控制力

上半身運動 45

我是擊鬼師

本活動是運用報紙球，比賽看哪一隊先將魔鬼擊退的遊戲。活動進行中會運用到手臂的力量，也同時訓練控制力。

活動之前

- 請將參加者分成紅隊與藍隊，請每一隊參加者排成一排坐好。
- 請準備大量的報紙，放在參加者的手邊。
- 由工作人員扮成紅鬼與藍鬼，並在身體的不同部位，例如：頭部、手部、腹部等，標上得分數。
- 當參加的隊伍用報紙球擊打累計到200分時，即可擊退魔鬼。因此在活動開始前，請先決定紅鬼與藍鬼身體各部分的得分數。
- 得分數也可以依據參加者的人數多寡來調整。

得分數分配範例

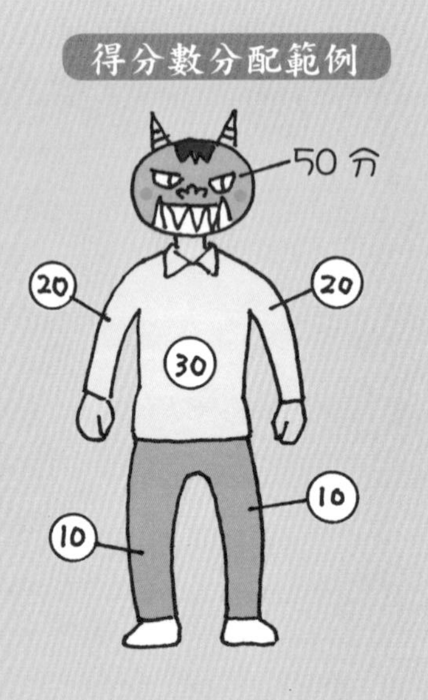

準備物品

- 報紙
- 寫上得分數的紙
- 作為記錄用的白板等物品

進行方式

1 **請由扮演紅鬼與藍鬼的工作人員登場，分別站在各隊參加者座位前方大約3公尺的位置。由另一位工作人員擔任裁判，在聽到「開始」指令聲後，請參加者將報紙揉成圓球狀，投擲向自己隊伍裡的惡鬼。**

2 請將被報紙球擊打到的部位得分數在白板上記錄下來。

▶請扮演魔鬼的工作人員將被打中的部位大聲地告知負責記錄的人。

3 最先達到擊退魔鬼分數的隊伍獲勝。

POINT

兩隊的得分數如果差距太大，就少了較量的熱烈氣氛。請看起來快要輸的那隊魔鬼，故意去碰觸隊員們所投擲過來的報紙球，適度地調整兩隊的得分差距。

互動小技巧

「OO 隊快要把魔鬼擊退囉！」

當得分數快接近擊退魔鬼的分數時，請記錄者或裁判大聲地宣告，以提升活動的熱烈氣氛。

活動人數：一隊5人，共2～4隊　　活動時間：一局5分鐘

活動目的：達到手腕與手臂運動效果、促進人際互動

上半身運動 46

抽支上上籤

本活動透過從寶特瓶中將筷子搖晃出來的動作，而使手臂得以運動。再者，將筷子放入寶特瓶中的動作，會運用到手指，也有預防失智症的效能。

活動之前

- 請將參加者每5人分成一組。依組別排好座位，請參加者排成一排坐好。
- 請將筷子放入寶特瓶中，並交予每一組的第一位參加者。

準備物品

- 筷子（每一組6支）
- 500ml容量的寶特瓶（每一組1支）

進行方式

1 在聽到工作人員的「開始」指示聲後，請每組的第一位參加者搖晃手中的寶特瓶，讓筷子從瓶中掉出來，並請工作人員協助將掉落的筷子撿起來。

▶如果筷子很難從瓶口掉出來，則請參加者沉靜下來、不要慌，慢慢地搖瓶子。

2 **接著，請將空寶特瓶交給第二位參加者。**
請第二位參加者從工作人員手中接過筷子、並將筷子放入寶特瓶中。

▶對於手麻痹不方便的參加者，請工作人員協助。

3 **接著，再將裝入筷子的寶特瓶交給第三位參加者，並繼續重複進行 1. 及 2. 的動作。最快輪完的隊伍獲勝。**

POINT
遊戲規則是用搖晃的方式將筷子搖出來，而不是用手將筷子拿出來唷。
為了避免參加者混淆，請在活動開始之前，清楚說明遊戲規則。

互動小技巧

「讓我們來看看抽到什麼籤？」
「請把我們的上上籤放進去唷！」

當參加者在搖晃寶特瓶、或是將筷子放進瓶中的時候，請分別以聲音提示。

活動人數：一隊5人，共2～4隊　　活動時間：一局10分鐘

活動目的：訓練抓握力、促進人際互動

上半身運動 47 曬衣夾之旅

本活動透過反覆夾上與抽下曬衣夾的過程，來鍛鍊手的握力，同時培養團隊合作的精神。

活動之前

- 請將每 5 位參加者分成一組，並依組別請每組的參加者排成一排坐好。
- 分配給每組一條毛巾，毛巾上先夾好五人份的曬衣夾，交給每一組的第一位參加者保管。

準備物品

- 曬衣夾（依參加者人數而定）
- 毛巾（每一組 1 條）

進行方式

1 在聽到工作人員的「開始」指示聲後，請每組的第一位參加者，將夾有曬衣夾的毛巾交給第二位參加者，請第二位參加者將毛巾拿好，由第一位參加者單手將曬衣夾從毛巾上取下。

▶毛巾上請夾好與該組組員人數同等數量的曬衣夾。

2 **接著，請第二位參加者將毛巾遞給第三位參加者，與剛剛同樣的方式，兩人合作，由第二位參加者單手將毛巾上的曬衣夾取下。**

3 **當所有的曬衣夾都取下後，接著進行相反動作，一一將曬衣夾夾回毛巾上。**

4 **最快將曬衣夾全部取下、再全部夾回去的隊伍獲勝。**

POINT

若是使用較小的曬衣夾，一開始可能會有難度。建議可先從大一點的曬衣夾開始進行，等到熟悉與習慣後，再換成小型的曬衣夾。

互動小技巧

「不能認輸唷！趕快換下一位。」

故意製造緊張的氣氛，讓各隊之間萌生勝負對決的鬥志。

活動人數：一隊5人，共2 ～ 4隊　　活動時間：一局5分鐘

活動目的：達到手臂運動效果、促進人際互動

上半身運動 48 快遞甜甜圈

本活動的重點在於人際互動及溝通。運用棒子將甜甜圈傳遞下去，如果組員彼此之間沒有默契，甜甜圈很容易就會掉下來囉。

活動之前

- 請將每 5 位參加者分成一組，並依組別安排座位，請每組的參加者排成一排坐好。
- 請每位參加者手上拿好棒子，將甜甜圈掛在每一組的第一位參加者的棒子上。

準備物品

- 用報紙做成的棒子（數量依人數而定）
- 先將報紙捲起來，再彎成甜甜圈的形狀（每一組 1 個）

進行方式

1 在擔任裁判的工作人員發出「開始」的口令後，請每組的第一位參加者，將甜甜圈傳到第二位參加者的棒子上。要小心不要讓甜甜圈掉下來唷。

▶請工作人員在一旁隨時留意，不要讓每位參加者手上的紙棒去打到其他人。

2 接著，請第二位參加者也以同樣的方式，將甜甜圈傳遞到第三位參加者的棒子上。

▶請注意各組的進行狀況，適度地出聲提高遊戲進行的熱鬧氣氛。

3 當傳到該組的最後一位參加者時，再依序以相同方法，將甜甜圈傳回到每組的第一位參加者。最快完成來回一輪的隊伍獲勝。

POINT

參加者彼此間的椅子間隔，大約 30 公分左右。如果間隔太窄，在傳遞過程中會增加困難度。當參加者漸漸熟悉活動進行的方法後，可再適度地調整座椅之間的距離，以提升遊戲難度。

互動小技巧

「請問甜甜圈送到哪裡了呢？」

對看起來快要輸的那一隊，出聲加油一下吧。

活動人數：一隊5人，共2～4隊　活動時間：一局5分鐘

活動目的：訓練手指與腳部靈活度與協調性、促進人際互動

全身運動 49

坐式接力賽

本活動仿照大隊接力賽的規則，於各組內傳遞接力棒。雖然是坐著傳遞接力棒，但在傳接的過程，配合用力踏步藉以鍛鍊腳力。

活動之前

- 請將每 5 位參加者分成一組，並依組別安排座位，請每組的參加者排成一列坐好。
- 請將接力棒交給每一組的第一位參加者。

準備物品

- 接力棒（每一組 1 支）

進行方式

1 在聽到工作人員的「開始」口令後，請每組的第一位參加者，將接力棒傳給第二位參加者。將接力棒傳出去之前，請一併做出跑步的假動作、用力地原地踏步 5 下之後，再將接力棒傳給下一位。

▶在原地踏步的時候，請參加者將所踏的步數數出聲音來。

2 **當接力棒傳遞到各組的最後一位參加者手上時，請再依序以相同的方法，將接力棒傳回給第一位參加者。**

3 **最快將接力棒傳回來的隊伍獲勝。**

▶不論勝負，讚揚每位參加者的努力，讓大家在愉快的氣氛中結束本活動。

POINT

在交棒時，請大聲地喊出「接!」，並配合聲音交出接力棒，則較容易產生團隊感。請工作人員也一起融入團隊中、一起喊出「接!」。

互動小技巧

「快跑！快跑！」

像是真的在跑大隊接力賽一樣，透過聲音來增加臨場感吧！

活動人數：一隊5人，共2～4隊　活動時間：一局5分鐘

活動目的：達到手臂運動效果、訓練專注力，促進人際互動

全身運動 50 氣球大逃亡

本活動是將氣球放在毛巾上，透過毛巾傳送氣球。為了不讓輕飄飄的氣球在傳送過程中掉落地面，需要集中注意力、並且透過團隊合作。

活動之前

- 請將每5位參加者分為一組，並依組別安排好座位，請每組參加者排成一排坐好。
- 請每位參加者將手上的毛巾張開，並將氣球放在每組第一位參加者的毛巾上。

準備物品

- 毛巾（每個人1條）
- 氣球（每一組1個）

進行方式

1 **當工作人員說「開始」之後，請每組的第一位參加者，運用毛巾將氣球傳給第二位參加者。**

2 請第二位參加者也以同樣的方式，將氣球傳給第三位參加者。

▶若有參加者單側手部麻痺，請工作人員幫忙握住毛巾的另一端，協助一起傳接氣球。

3 當傳到最後一位時，請再以相同的方式，傳回到最前面的參加者手上。最先將氣球傳回來的隊伍獲勝。

POINT

如果有單側手部麻痺的參加者，請工作人員幫忙握住參加者毛巾的另一端，協助一起傳運氣球。

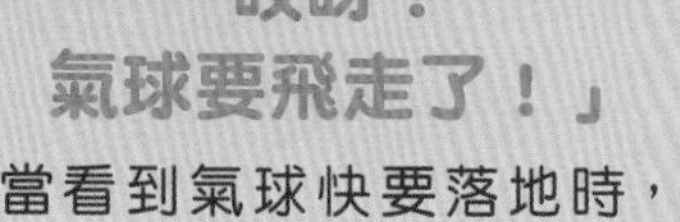

互動小技巧

「哎呀！氣球要飛走了！」
當看到氣球快要落地時，請出聲提醒。

活動人數：一隊5人，共2～4隊　　活動時間：一局5分鐘

活動目的：訓練腳部靈活度與協調性、訓練控制力、促進人際互動

全身運動

51 坐式足球賽

本活動要將足球從後方往前方傳，當傳到最前面那位參加者時，請最前面那位參加者擔任射門的角色，將球踢進球門。由於射門是相當重要的任務，請各組組員之間輪流來擔任。

活動之前

- 請將每5位參加者分在一組，並請每一組的參加者排成一列、面向球門坐好。
- 請將足球放置於每一組最後一位參加者的腳邊。

準備物品

- 紙箱球門（每一組1個）

※ 以球能射進箱的開口大小為準

- 塑膠球（每一組1個）

進行方式

1 當工作人員說「開始」之後，請每組坐在最後面的參加者，將球踢給前面一位參加者。請坐在前面的參加者也以相同的方式，將球踢給自己前方座位的參加者。

2 **當球傳到最前面的那位參加者時，請朝球門用力地瞄準紙箱、踢出射門。若是射門不成功，則請將球運回座位列最後一位的參加者處，重新傳球。**

注意！

請將輪椅使用者的方向轉為橫向，好讓球傳到該處，若有需要的話，請工作人員協助移動輪椅，讓球可以碰到輪椅使用者的腳、接著將球向前傳踢出去。

3 **最先射門成功的隊伍獲勝。**

POINT

當參加者都熟悉與習慣遊戲規則後，也可以將座椅的方向調整為橫向的一排，讓球以橫向的方式往球門方向傳運。

互動小技巧

「同組組員要有默契，一起得分唷！」

請適時地出聲提醒、以強化團隊精神。

活動人數：一隊5人，共2～4隊　活動時間：一局5分鐘

活動目的：達到肩膀與手臂運動效果、促進人際互動

全身運動

52 飛來天上球

本活動進行時，要將球從頭上往後方傳給坐在後面的人，是可以運用及維持手腕與肩部力量的運動；而團隊合作也是本活動的重點之一，有助於強化彼此之間的人際互動。

活動之前

- 請將每 5 位參加者分在一組，並請每組的參加者排成一列坐好。
- 請第一位參加者將球拿好。

準備物品

- 橡膠球（每一組 1 個）

進行方式

1 **當工作人員說「開始」後，請每一組的第一位參加者，將球從自己的頭頂上方、往後傳給下一位參加者。**

▶對於將手舉高有困難的參加者，在活動過程中可能會失去平衡，請工作人員隨時在附近留意其狀況。

2 **請第二位參加者也以相同的方式，將球從自己的頭頂上方往後傳遞給第三位參加者。**

▶當參加者在傳球有困難時，請工作人員適時地介入協助。

3 **當傳到每組的最後一位參加者時，請再往回傳到最前面的第一位參加者。**

注意！

如果在傳球時，勉強將手舉高，可能會傷到肩膀。當看到有傳球困難的參加者時，請工作人員站到一側，助其一臂之力，讓球能夠順利地傳遞下去。

POINT

當參加者漸漸地熟悉活動規則之後，也可以換成尺寸較小的球來傳運，以提升活動的難度。

互動小技巧

「在傳球時，記得喊一聲、提醒自己的隊友喔！」

當傳球的動作與提醒的聲音一致時，比較能夠產生團隊一體感的氣氛。

活動人數：一隊5人，共2～4隊　　活動時間：一局5分鐘

遊戲目的：達到手臂運動效果、訓練集中力、促進人際互動

全身運動

53 傳情乒乓球

本活動是使用湯勺傳遞乒乓球的遊戲。在傳的過程中，乒乓球有落地的可能，因此進行到最後的過程中，有許多可以逆轉勝的機會。

活動之前

- 請將每5位參加者分在一組，並請每組的參加者排成一橫排坐好。
- 請每一位參加者各自手持一支湯勺，並將乒乓球放入第一位參加者的湯勺裡。

準備物品

- 湯勺（每個人1支）
- 乒乓球（每一組1顆）

進行方式

當聽到工作人員發出「開始」指令時，請每組的第一位參加者，將乒乓球傳到下一位參加者的湯勺中。接著，請第二位參加者也以同樣的方式將乒乓球傳給第三位參加者。最快將乒乓球傳到最後一位參加者手中的隊伍獲勝。

POINT

當參加者漸漸熟悉遊戲規則後，建議也可將湯勺換成湯匙、或是桌球拍，以提升遊戲的難度。

互動小技巧

「還救得回來唷！」

看起來快要輸的那一隊，請工作人員趕緊出聲鼓勵一下，以刺激該隊成員的動力。

大型活動

準備少

第3章

讓腦袋動一動（腦力鍛鍊活動）

在思考事物或是回想詞彙時，將有助於活化腦部、預防失智。本章將介紹「認知型」與「記憶型」的休閒活動。運用每個人累積至現在的知識，來進行推測，或是透過記憶來找尋答案，在活動過程中也同時鍛鍊頭腦。

活動人數：一隊3～4人，共2～3隊　活動時間：一局10分鐘

活動目的：鍛鍊認知能力、促進人際互動，藉回憶滿足懷舊情緒

腦力鍛鍊 54

一起來做菜

本活動是模擬烹飪、選擇食材的遊戲。從討論食物而擴展話題，促進彼此的人際互動與對話，也有助於回復日常生活的感覺。

活動之前

- 請將參加者分成人數相同的隊別。
- 請確認模擬烹飪的料理主題，依據組別數來準備食材圖卡，並放置於桌上。料理主題之例：咖哩、黑輪、炒麵、炒飯……等。

準備物品

- 食材（可使用玩具食材，或是自製圖卡）（約 20 種 X 組別數）
- 大碗或盆子（每一隊 1 個）

進行方式

1 請工作人員宣布料理主題，以及預定「採買」的食材種類數量。

2 請參加者選出符合料理主題的食材，並放入大碗或空盆中。

▶請同隊隊員們互相討論再決定，有助於加深彼此的人際互動。

3 最先完成食材選擇的隊伍獲勝。當所有的隊伍都完成後，可以互相分享各隊所選擇的食材。

POINT

料理烹飪有可能是女性參加者較為熟稔，因此在安排隊員時，請記得將男女混合、以平衡各隊參加者的特質。

互動小技巧

「每一隊的料理好像都很好吃的樣子呀！」

在活動結束時，請每隊分享自己那隊所選出來的食材，以擴展關於食物的討論話題。

活動人數：2～5人　活動時間：10分鐘

活動目的：鍛鍊認知能力、促進人際互動，藉回憶滿足懷舊情緒

腦力鍛鍊 55 料理推理王

從內含的食材中，猜測是什麼料理，這需要具備推理能力，也能促進參加者回復對於生活的感知，具有預防失智的效能。

活動之前

- 請想一想要當作謎題的料理與內含的食材有哪些。
  料理主題之例：咖哩、燴飯、炒麵、黑輪……等。

進行方式

1 請工作人員出題，告知「我們買了OO及XX（食材），」接著，詢問參加者「請問今天我們要來煮什麼料理呢？」

▶一開始先從容易理解與猜測得到的食材開始。

2 請知道答案的參加者舉手回答。

▶可以給一些像是調味或料理順序等的提示。

3 最後可以互相分享彼此的拿手料理，以拓展話題。

▶可以從參加者聊天分享關於食物的內容中，去準備與料理相關的活動，這樣更能貼近參加者的生活唷！

POINT

當作謎題的料理，請以大家都熟知的料理來出題。如果一直都沒有人猜對，那就加上提示吧。像是調味啦、或是食材添加的先後順序等的提示。

互動小技巧

「不愧是超級專業的主婦呀！」

請給猜對的人一些鼓勵的話語吧。如果答對者為男性參加者，則可以換成「您很會做菜唷！」之類的話語。

活動人數：一隊2～5人，共2隊　活動時間：15分鐘

活動目的：鍛鍊認知能力、促進人際互動

腦力鍛鍊 56 神祕火鍋王

透過隊員們一起收集食材的圖卡，來煮出美味的火鍋。完成的火鍋看起來比較美味的那一隊獲勝。同隊隊員們互相合作收集食材圖卡的過程，可以加深彼此的對話與互動。

活動之前

- 請將參加者分成相同人數的兩隊，並決定各隊成員的取卡順序。
- 請將食材圖卡排列於桌上。

準備物品

- 畫有火鍋食材的圖卡，大約 20 種左右
- 例如：牛肉、蒟蒻條、白菜、蔥、鱈魚

進行方式

1 請兩隊第一位參加者來猜拳，猜贏的人先從桌上的圖卡，選一張自己喜歡的食材，接著換猜輸的人來選擇。

2 輪到各隊的第二位參加者時，也請以同樣方式進行，猜拳決定由誰先選、由誰後選。
以這樣的方式進行，直到所有參加者都各自選擇一張圖卡。

3 最後，比比看兩隊所收集到的圖卡，哪隊的火鍋看起來比較美味可口。

POINT

也可以製作幾張像是香蕉、巧克力、酸梅乾……等，通常不會放入火鍋中的食材圖卡，參雜其中，這樣可以增添活動樂趣。另外，將食材圖卡的背面朝上，反而有種創造「神祕火鍋」的樂趣。

互動小技巧

「我們這鍋加入很好吃的菜（肉）呀！」

當參加者拿到適合放入火鍋內的食材圖卡時，請用很期待的語調來鼓舞唷！

活動人數：2～10人　　活動時間：10分鐘

活動目的：訓練判斷力、瞬間爆發力

我是猜拳王

本活動跟一般需要靠運氣的猜拳遊戲不同，而是透過快速的判斷力來進行猜拳，瞬間爆發力是必要的元素。

活動之前

- 請參加者排成一橫列，負責出題的工作人員站在參加者的前方。
- 請清楚說明遊戲規則。

進行方式

1 **請所有人一邊喊出「剪刀、石頭、布！」。工作人員任意出「剪刀」、「石頭」、「布」的其中一種，並同時提示參加者「要『贏』我唷！」或是「要『輸』我唷！」。**

▶請工作人員在提示「贏、輸」的時候，用清晰明確且大聲的音量喊出來。

2 請參加者要出符合工作人員所指示的猜拳動作。

3 進行的速度也可以逐漸加快，大約進行 10 分鐘後結束遊戲。

▶當參加者出的猜拳動作跟指示不一樣時，請工作人員以幽默的口吻來轉變氣氛。

POINT

當大家都逐漸熟悉遊戲規則後，可以加快出拳速度，以提升遊戲的難度，或是加入輸贏對戰，輸的人就失去下一輪參戰資格等規則。

互動小技巧

「我們要加快速度囉！請加油！」

要讓參加者能夠跟隨到最後，需要持久力，請工作人員適時地透過聲音給予支持唷！

活動人數：2～10人　　活動時間：15～30分鐘

活動目的：鍛鍊認知能力、理解力，藉回憶滿足懷舊情緒
達到手臂運動效果

腦力鍛鍊 58

紙牌推理王

許多人應該都有在孩提時期玩過紙牌的經驗，而透過口語描述找尋紙牌圖案的過程，也有助於刺激記憶力。

活動之前

- 請將紙牌排放在地上，並請參加者圍著紙牌而坐。
- 請每一位參加者手持沙包。

準備物品

- 畫有不同圖案的紙牌
- 沙包（數量依參加者人數而定）

製作紙牌

進行方式

1 請工作人員在出題時，以形容紙牌上的圖畫來說明。

2 **請參加者一邊聽工作人員的形容，一邊去尋找相對應的紙牌。找到正確的那張紙牌時，用手上的沙包丟擲對應的紙牌；若是沙包無法順利擊中，則可以改用手去拿取紙牌。**

3 **當紙牌都被拿光後，結束本活動。取得最多張紙牌的參加者獲勝。**

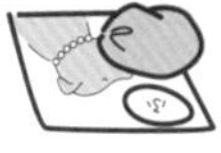

POINT

參加者中可能也會有聽力較不佳的人，請工作人員出聲形容紙牌圖案時，盡量以清晰且大聲的音調、慢慢地唸出來。

互動小技巧

「OO，可以請您來唸看看嗎？」

邀請參加者輪流來形容紙牌上的圖案，也是個不錯的方式唷！

活動人數：一組2～5人，共3組　　活動時間：一局5分鐘

活動目的：鍛鍊認知能力、瞬間爆發力，達到手部運動效果

腦力鍛鍊 59 紙牌對對碰

本活動在找到對應於該物品顏色之紙牌，在遊戲中必須想一想、不同物品的形狀與顏色，可以鍛鍊聯想力。

活動之前

- 請將紙牌排放於地上，並請參加者圍著紙牌而坐。
- 請每一位參加者各自手持 1 個沙包。

準備物品

- A4 左右大小、寫有不同物品的紙牌 10 多張
- 色卡（紅色、黃色、綠色、藍色、白色等色紙）
- 沙包（數量依參加人數而定）

製作紙牌

物品名稱之例：消防車、蘋果、檸檬……等，請選擇可以明確對應顏色的物品。

進行方式

1 請工作人員拿起色紙、色卡作為提示。

2 **請參加者依工作人員指示，尋找寫有對應物品名稱的紙牌。當找到正確的紙牌時，請用手上的沙包丟擲對應的紙牌，若是沙包無法順利擊中，則可改用手拿取。**

3 **當紙牌都被拿光之後，結束本活動。取得最多張紙牌的參加者獲勝。**

POINT

如紅色，相對應的物品可能有消防車或蘋果，出題時可以同時對應到複數的物品。當紅色物品之紙牌都被拿起來之後，再接著進行下一題。

互動小技巧

「請大家再找找看，是不是都沒有紅色的東西了呢？」

如果在該題目之下，仍然有相對應的紙牌未被拿取時，請工作人員可以出聲提醒一下。

活動人數：一隊2～5人，共2隊　　活動時間：5～15分鐘

活動目的：鍛鍊運算能力、促進人際互動，達到手部運動效果

腦力鍛鍊 60 數字接龍王

將數字牌卡隨機散排在桌上，並依數字順序一一收集的接龍遊戲，團隊合作是本活動不可或缺的重點，也有助於加深隊員彼此之間的人際互動。

活動之前

- 請將參加者依人數分成相同人數的 2 支隊伍。
- 請將數字牌卡隨機地散排在桌上。

準備物品

- 寫有 1～30 的數字牌卡 2 組

進行方式

1 請參加者在聽到工作人員的「開始」指示之後，從數字「1」開始拿取牌卡。

2 先依序完成收集 1 至 30 牌卡的隊伍獲勝。

3 對戰大約 5 回合左右，結束本活動。

	1	2	3	4	5
Aチーム	○	○	×	×	○
Bチーム	×	×	○	○	×

POINT

同隊的隊員中，由誰拿取牌卡都 OK，請大家互相合作、依數字順序一一拿取。

互動小技巧

「OO 您們這隊的動作很快耶！」

請適時地報導戰況，可以提升對戰氣氛唷。

活動人數：一隊3人，共2隊　　活動時間：10分鐘

活動目的：鍛鍊運算能力、認知能力、記憶力

腦力鍛鍊 61

挑戰數字王

本活動是與數字相關的猜謎遊戲。除了回答出正確答案，若是同隊隊員的答案都一致的話，就更有意思了。

活動之前

- 請將參加者依人數分成相同人數的 2 支隊伍。
- 請事先準備好可以用數字回答的問題。

  例如：計算問題、運動項目的參賽人數、日期、室內所在空間有多少時鐘等物品……等之類的問題。

準備物品

- 寫有 0 ～ 9 的數字牌卡（數量依照參加人數而定）

進行方式

1 請工作人員出題，每位參加者依所認為的答案，舉起手中符合該答案的數字牌卡。

2 同隊伍裡，參加者所舉起的牌卡中，相同數字比較多的隊伍獲勝。

3 持續進行幾個問題，大約進行 10 分鐘之後，結束本活動。

題目之例

- 請問棒球一隊是多少人？（答案：9 人）
- 請問兒童節是 4 月幾日？（答案：4 日）
- 請問上一次在東京舉辦奧運是 196 幾年？（答案：4 年＝ 1964 年）
- 請問 2020 年的總統副總統選舉，是台灣第幾次由全民直投票選出呢？（答案：第 7 次）

偶爾混入難度較高的題目，可以增加本活動的趣味性唷！

POINT

也請混入答案為「零」的題目，因為容易混淆而出錯，較得以辨別出勝負。

互動小技巧

「大家的答案都一樣耶！」

當全體參加者的答案都一樣時，就大成功了。

活動人數：2～10人　　活動時間：5～10分鐘

活動目的：鍛鍊聯想力、認知能力，藉回憶滿足懷舊情緒

猜猜我是誰

運用生活中常見的道具來扮演各種不同職業的人，讓參賽者進行猜謎，既可讓參加者回憶與想像社會中不同角色，也具有活化腦部的功能。

活動之前

- 請要扮演不同職業角色的工作人員，預先想好及練習如何扮演。

例如：車站站務人員、司機、拉麵店老闆、壽司師傅、魚販、運動員……等。

準備物品

- 象徵這些職業角色的道具，大約10種（帽子、烹調用篩子……等身邊有的東西即可。）

進行方式

1 請工作人員出題，模仿某種職業角色的特性。

▶一開始只演出動作，讓參加者猜猜看。

2 **請知道答案的參加者舉手回答。**

▶如果答錯了，再給一點提示。

3 **持續進行大約 10 個問題之後，結束本活動。**
可以詢問參加者以前的職業，來拓展人際互動與對話之話題。

POINT

請在模仿時，動作可以誇大一些，比較容易傳達。

互動小技巧

「很接近囉！提示是……」

如果參加者一直猜不到時，請給一點提示吧

活動人數：2～10人　活動時間：一局2分鐘

活動目的：鍛鍊聯想力、認知能力，促進人際互動

腦力鍛鍊 63

我是模仿王

本活動是模擬各種不同角色與動作的猜謎遊戲，活動過程中以不同的聯想來刺激腦部。當參加者較為熟悉遊戲規則後，可以邀請參加者一起運用手勢、挑戰模擬不同的角色與動作吧。

活動之前

・請預先想好幾種可以用手勢或動作模擬出來的角色。
例如：動物、日常生活中的動作、運動……等等。

進行方式

1 請工作人員出題，模擬某種角色的特性。並請知道答案的參加者舉手回答。

2 答出正解之後，接著進行第二題。
也可以邀請參加者想一個動作或角色來模擬。

3 在 2 分鐘的時間限制內，答對最多題的人獲勝。

▶若是很難用動作表現的時候，可以用詢問的方式給予提示。

POINT
如果參加者人數多，也可將遊戲規則調整為團體對戰的方式。在各隊伍內請隊員們互相討論，以給出該手勢的答案。

互動小技巧

「提示是……
會爬樹的動物！」

如果參加者一直都猜不到的時候，請給點提示吧。

活動人數：2～10人　　活動時間：10分鐘

活動目的：鍛鍊聯想力、認知能力，訓練手指觸覺能力

腦力鍛鍊 64 溫柔恐怖箱

本活動要猜猜箱子裡的東西是什麼？日常生活中已經習慣的東西，透過觸覺去感受，可能意外地難以猜測到底是什麼東西。這個活動將會運用到手指的觸感、以及腦部的想像力。

活動之前

- 請決定參加者進行的先後順序。
- 請準備好紙箱、挑戰者座位、及預備區座位。
- 預備區的座位請安排在可以看見紙箱內物品的位置。

準備物品

- 烹飪器具、玩具、娃娃……等，身邊容易取得的物品（數量依參加人數而定）
- 紙箱
- 布（以可以遮蓋住紙箱的大小）

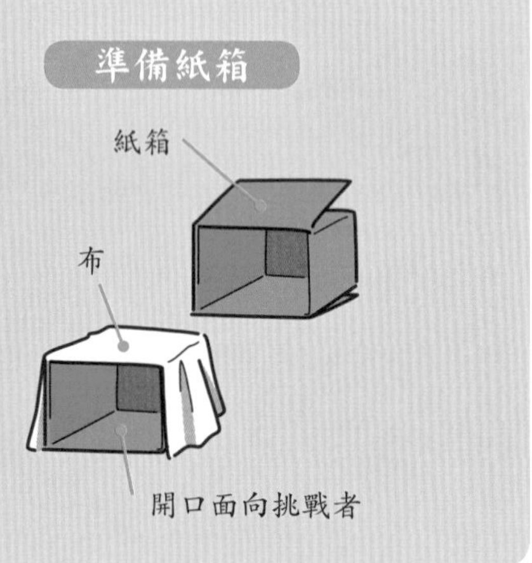

進行方式

1 請第一位挑戰者移駕至挑戰者座位就座。工作人員請以挑戰者看不見的方式，將謎題物品放入紙箱內。

▶請以挑戰者看不見的方式，將物品放入紙箱中，並用布將紙箱蓋上。

2 **請挑戰者將手伸進紙箱裡，摸摸看箱內的物品，猜猜看是什麼東西。第一次先不要給提示，如果挑戰者一直猜不中，邀請預備區的參加者給一點提示。**

▶邀請預備區的參加者給一點提示。

3 **答出正確答案後，換第二位挑戰者，以同樣方式進行，一直進行到所有參加者都輪過一遍後，結束本活動。**

POINT

給予的提示可以像是東西的使用地點或是使用時機，又或者東西的顏色等等。請盡量讓所有人都能答對。

互動小技巧

「提示是……
會爬樹的動物！」

當答出正確答案時，請將箱內的物品拿出來，公布答案。

活動人數：1～10人　　活動時間：10分鐘

活動目的：訓練判斷力、瞬間爆發力、發聲，達到上半身與手部運動效果

什麼東西掉下來

這個活動是跟著主題做出適當動作的遊戲。在活動過程中，除了有頭腦體操的效果之外，一邊唱歌、一邊運動身體，亦能夠同時鍛鍊不同的身體機能。

活動之前

- 請向參加者示範與說明清楚，活動中需要做出的動作。

打雷了→將肚臍遮起來的動作

蘋果→手做出要接住的動作

天花板→做出保護頭部的動作

進行方式

1 **請所有參加者一起唱出（或唸出）「掉下來了、掉下來了！是什麼東西掉下來了？」。**

2 **請工作人員接著喊出「打雷了」、「蘋果」、「天花板」等，每一次變換成不同的東西；請參加者依據工作人員喊出的東西，做出相對應的動作。**

▶請參加者依據工作人員喊出的東西，一起做出動作。

3 **進行幾次之後，結束本活動。**

大家的反射神經，
就跟打雷一樣地快呢！

▶用幽默的語氣來接續下一個活動吧。

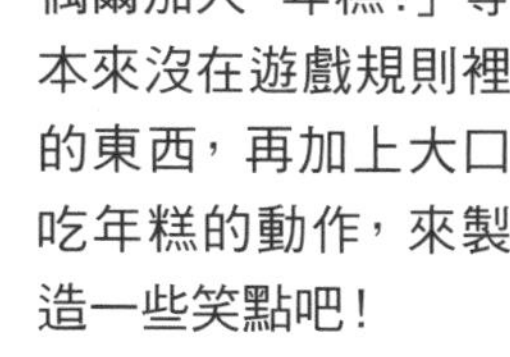

偶爾加入「年糕！」等本來沒在遊戲規則裡的東西，再加上大口吃年糕的動作，來製造一些笑點吧！

互動小技巧

**「啊呀！
肚臍被偷走了啦！」**

當有參加者做出不一樣的動作時，請用幽默的口吻指出來唷。

活動人數：3～10人　　活動時間：10分鐘

活動目的：訓練發聲、瞬間爆發力、鍛鍊聯想力、節奏感
達到手臂運動效果

腦力鍛鍊 66

這是什麼丼

本活動是瞬間爆發力的鍛鍊。在活動進行中，想一想有什麼丼（飯），以及除了丼（飯）之外，還有什麼丼，還可以同時激發想像力，綜合性地運用頭腦。

活動之前

- 請將參加者的座位圍成一圈，並請其就座，接著決定最先開始的人。

進行方式

1 請最先開始的參加者喊出「咚咚、咚咚咚！這是什麼丼？咚咚、咚咚咚！這是『牛丼』！」。當喊到丼名的時候，請所有人一起拍兩下手。

▶在遊戲中請跟著韻律拍手吧。

2 **請接下來的參加者也以同樣的韻律，喊出不同的丼名。當喊到「老鼠洞」、「運動」等等，不是丼（飯）的東西時，就不要拍手。**

▶當參加者喊出丼（飯）以外的東西時，就不要拍手唷。

3 **進行幾次，大約 10 分鐘後，結束本活動。**

POINT

一開始慢慢進行，當大家越來越熟悉這個節奏時，可以逐漸加快速度唷！

互動小技巧

「咚咚、咚咚咚！」

為了讓參加者可以跟上節奏，請工作人員以清楚地音調，大聲地跟著一起喊。

活動人數：2～10人　活動時間：約15分鐘

活動目的：訓練發聲、達到口腔運動效果，鍛鍊認知能力、記憶力

腦力鍛鍊 67

來段繞口令

當在說唱繞口令的時候，嘴巴必須張大、以便能清楚地咬字，這時就有鍛鍊嘴部肌肉的效能，可以維持與強化咀嚼的基本功能。

活動之前

- 請先準備好幾個不同的繞口令段子。

  例如：吃葡萄不吐葡萄皮，不吃葡萄倒吐葡萄皮。

進行方式

1 請工作人員出題。

2 **可以請參加者先想想有什麼是跟「葡萄」相關的繞口令，請知道的人舉手回答。**

3 **請所有參加者一起跟著唸出來。在進行幾次之後，觀察參加者的狀況，在狀況不錯的時候（大約 15 分鐘），結束本活動。**

POINT

這個活動可以促進發聲及吞嚥的效果。若能在事前向參加者說明，有助於提升參加動機唷！

互動小技巧

「好，我們大家一起來唸看看！」

當參加者答出繞口令時，請所有人跟著一起唸出來，每個繞口令大約進行 3 次。

活動人數：2～10人　　活動時間：15分鐘

活動目的：鍛鍊認知能力、記憶力、訓練發聲

腦力鍛鍊 68 諺語動動腦

本來就知道的諺語或成語，在出題時，若加上特定的條件，可能一時之間會無法連結是哪個諺語或成語。要想出題目到底是什麼諺語或成語，在聯想過程中將會促使頭腦運轉。

活動之前

- 請先準備好幾個不同的諺語或成語當謎題。
  例如：有提到動物的諺語或成語、風景的諺語或成語、身體部位的諺語或成語等。

進行方式

1 請工作人員出題，例如：「請說出有提到『動物』的諺語或成語。」

請大家想想看，有什麼諺語或成語有提到『狗』呢？

2 **請知道答案的參加者舉手回答。**

3 **工作人員請再進一步詢問說出答案的參加者，該諺語或成語的意思，以延伸相關話題。**

諺語・成語之例

- 智者千慮、必有一失
- 如意算盤
- 狐假虎威
- 對牛彈琴
- 青出於藍、更勝於藍
- 狗急跳牆
- 人手不足
- 馬耳東風
- 魚與熊掌不可兼得

POINT

如果很難猜出答案，請說明諺語或成語的意思等等，給點提示。

互動小技巧

「哇，這個諺語（或成語）很難耶！」

參加者中，知道很難的諺語或成語的人應該也大有人在，可以請教他們這些諺語或成語的意思。

活動人數：1～10人　活動時間：15分鐘

活動目的：鍛鍊聯想力、訓練嗅覺

腦力鍛鍊 69

嗅覺大挑戰

隨著年紀增長，嗅覺也會日漸不靈敏。透過這個活動，有意識地一邊想「這是什麼味道呢？」一邊聞那個香氣或臭味，可以鍛鍊嗅覺、同時刺激腦部。

活動之前

- 請將會發出味道的物品放入杯中，並置於桌上。
- 請決定參加者進行的先後順序。

準備物品

- 眼罩（頭帶式或可將眼睛遮住的東西即可）
- 淺底杯
- 可以清楚辨認味道的物品（例如：咖啡、檸檬汁、蒜頭）

進行方式

1 請第一位參加者將眼睛遮起來，並聞聞杯子裡面的物品是什麼味道。

▶若是找不到眼罩、或是對於較敏感的人，工作人員也可以用手將其眼睛遮起來。

2 當參加者知道答案後，再換第二位參加者，以同樣的方式，將眼睛遮起來、聞聞杯中物品的味道。

3 一直進行到最後一位參加者，請每位參加者同時公布自己的答案。最後由工作人員宣布正確答案。

注意！

如果放入味道太強烈的物品，在聞的時候，吸入味道可能會有危險性。請工作人員事前試聞一下，並請注意與確認安全性。

互動小技巧

「這個是不是有點像 OO 的味道呢？」

對於嗅覺已失去靈敏性的參加者，可以透過言語來形容，以喚起其對該物品的味道。

活動人數：2～10人　　活動時間：一局1分鐘，共5局

活動目的：鍛鍊認知能力、記憶力，達到手臂運動效果

腦力鍛鍊 70

尋找杯中寶

本活動限定在1分鐘之內，儘量去尋找寫有「中獎！」的杯子。如同在使用撲克牌玩記憶力遊戲時，一樣會有「絞盡腦汁」的緊張感，加上需要去看清楚與記住杯中所寫的字，記憶力也很重要。

活動之前

- 請將半數以上的紙杯，在內側用鉛筆寫上「中獎!」。其他沒有寫上字的杯子則請先放到另一側。
- 將有寫字的杯子與沒寫字的杯子，隨機混合擺放在桌上。

準備物品

- 紙杯（大約20個）

※ 可依參加人數增減

進行方式

1 在工作人員活動啟動的號令之下，請參加者將杯子拿起來、看看是否有寫字。將有寫字的杯子拿起來，並將沒有寫字的杯子放回原本的位置。

2 **請參加者陸續將杯子拿起來確認，在 1 分鐘之內，拿到比較多寫有「中獎！」杯子的人獲勝。**

3 **大約進行 5 回合之後，結束本活動。**
合計總分，得分最高的人獲勝。

POINT

也可以在杯子裡放入（或黏上）一些代幣或玩具籌碼，調整遊戲規則為收集代幣或玩具籌碼。

互動小技巧

「等一下看看誰收集到最多唷！」

請激起參加者的勝負心，並營造活動氣氛高潮。

活動人數：2～10人　活動時間：15分鐘

活動目的：鍛鍊認知能力、達到手臂運動效果

腦力鍛鍊

71 左右手繪王

本活動是同時使用左右手來畫出同一個圖形，除了可以鍛練非慣用手的機能，也能刺激腦部、預防失智症。

活動之前

- 請決定參加者進行的先後順序。
- 請預先想好當作題目的圖形。
  例如：正方形、三角形……等簡單的圖形。

準備物品

- 白板
- 作為範本圖形

進行方式

1 請工作人員先畫下作為範本的圖形。
接著，請第一位參加者雙手各拿一枝筆，照著範本圖形、劃出一樣的圖形。

2 **畫好之後，換第二位參加者。**

3 **進行到所有參加者都畫完。當參加者都熟悉後，可以提升難度，進階到下一步，左手跟右手畫出不同的圖形。**

注意！

輪椅使用者可能比較不方便在白板上畫畫，請準備素描本或紙張，當輪椅使用者運用雙手在畫圖形時，請工作人員協助將素描本或紙張扶好、固定住。

POINT

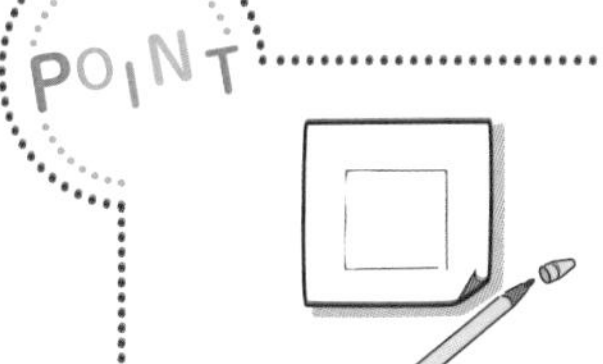

作為範本的圖形，請以能夠看清楚的筆劃與顏色來描繪。

互動小技巧

「嗯～這個圖形很有藝術感唷！」

當參加者無法畫出跟範本一樣的圖形時，請以正向的口吻來鼓舞參加者。

活動人數：2～10人　　活動時間：10分鐘

活動目的：訓練專注力、動態視力

腦力鍛鍊 72

氣球文字謎

這個活動是要在氣球落地前，讀出氣球上所寫文字的遊戲。清楚而夠大的字體是本活動重點。

活動之前

- 請先將幾個氣球灌滿氣。
- 請參加者坐在看得清楚氣球的位置。

準備物品

- 氣球
- 黑色麥克筆

進行方式

1 請工作人員以參加者無法看見的方式，在氣球上寫下文字，字體請盡量放大。寫好之後，配合指令、同時將氣球彈飛出去。

2 **請參加者在氣球落地之前，看清楚氣球上所寫的文字。**

3 **知道的參加者請舉手回答。**

4 **大約進行 10 分鐘之後，結束本遊戲。**
最後可以將所有氣球集結起來，拼看看氣球上的文字是什麼。

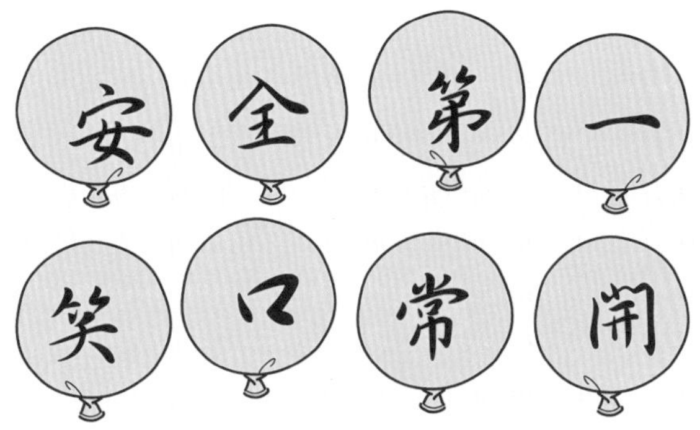

POINT

有可能因為座位位置，而無法看清楚寫在氣球上的文字。請將氣球轉換不同的方向，拋丟進行大約兩、三次。

互動小技巧

「要看清楚唷！」

氣球落地其實就在一瞬間，請喚起參加者的集中力與注意力。

活動人數：一組2人，共2～4組　活動時間：5分鐘

遊戲目的：達到手指運動效果、促進人際互動，訓練運算能力

腦力鍛鍊 73

當圍棋遇上飯勺

使用飯勺將滑溜溜的圍棋舀起來，可以鍛鍊手部感覺外，也可以提升計算能力。

活動之前

- 請先將參加者分為2人一組。
- 決定參加者的挑戰先後順序。

準備物品

- 圍棋棋子
- 飯勺
- 盛裝圍棋的容器
- 作為記錄用的白板

進行方式

請參加者2人一組，各自手持飯勺、將圍棋舀起來，並將各組的2位參加者所舀起來的圍棋數量加總起來，記錄在白板上；總和數較多的組別獲勝。

POINT

如果飯勺不好使用的話，換成湯勺或湯匙也可以唷。

互動小技巧

「哇！舀了很多起來唷！」

即使是簡單的動作，透過鼓勵，有助於提升參與動機唷。

認知型

準備多

遊戲人數：1～5人　　遊戲時間：一局5分鐘

遊戲目的：鍛鍊認知能力、達到手指運動效果、訓練圖形認知

腦力鍛鍊 74 拼圖挑戰王

本活動是將片段的圖像，組合成一個完整圖畫的拼圖遊戲。每一片拼圖的大小，可以根據參加者的狀況而調整。

活動之前

- 請準備 2 張同樣的圖畫，並將其中一張，剪成 9 等分或 4 等分。
- 請將剪成片段的圖像拼圖，散置於桌上。

準備物品

- A4 大小、相同的圖畫 2 張（實際數量依參加人數而調整）

進行方式

請參加者將剪開的片段拼圖，放在作為範本的圖畫上，一片一片地拼出完整的圖畫。

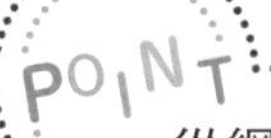

從網路上下載圖畫可能比較容易。但請記得不要找難度太高的圖畫，儘量找簡單一些的圖畫。

互動小技巧

「哇！一幅很美麗的圖畫完成囉！」

請讓參加者在拼圖完成之際，可以感受到成就感吧。

活動人數：一隊2～4人，共3隊　活動時間：15分鐘

遊戲目的：鍛鍊認知能力、聯想力、促進人際互動

腦力鍛鍊 75

蔬菜急轉彎

本活動雖然是蔬菜的猜謎題，但重點在於，要回答出其他隊伍沒有答出的答案。團隊成員互相討論以得出解答，也可以促進隊員彼此之間的溝通與人際互動。

活動之前

- 請將參加者以相同人數分組。
- 每一隊分發一組蔬菜卡。

準備物品

- 畫有許多不同蔬菜的卡片

進行方式

請工作人員提出與蔬菜相關的問題，接著請各隊隊員互相討論，舉出與其他隊伍不同的蔬菜卡片。如果拿到跟其他隊伍一樣的卡片，則扣一分。大約進行10個問題，統計得分數最高分的隊伍獲勝。

POINT

「可以做為泡菜的蔬菜」、「用炸的（烹煮）方式會很好吃的蔬菜」等等，可以多多變換問題的內容。

互動小技巧

「啊！您們兩隊的答案一樣唷！」

當不同的隊伍舉出相同的答案時，可以立刻出聲提醒、並作為當下的計分證據。

認知型

準備多

遊戲人數：2～5人　　遊戲時間：15分鐘

遊戲目的：鍛鍊認知能力、記憶力，藉由回憶滿足懷舊情緒

腦力鍛鍊 76 省錢大作戰

本活動可能女性的參加者會比較多。請每一位參加者模擬主婦的省錢大作戰技巧，並從活動中逐漸找回對生活的感覺。

活動之前

- 請準備超市或商店的廣告宣傳單，並將商品圖片及價錢的部分，分別剪下，備好大約5種商品左右。
- 請準備好記錄用的紙張或本子，請將參加者答出的商品與價錢，記錄下來。

準備物品

- 超市或商店的廣告宣傳單

進行方式

請參加者從價錢圖片中，將適當的價錢金額放到相對應的商品圖片。

POINT

題目可以從與日常生活相關的食材或雜貨等，價錢比較容易清楚知道的商品來出題。

互動小技巧

「您果然是專業的呀！買東西很厲害呢！」

對於成績佳的參加者，可以讚賞一番。

活動人數：5～10人　活動時間：5～10分鐘

活動目的：鍛鍊認知能力、記憶力，訓練手指靈活度與協調性

腦力鍛鍊 77

繪圖接龍

本活動不透過語言、而改以繪圖方式來進行接龍遊戲。就算不是繪畫高手，在畫圖過程中有可能會脫線走鐘，這也是本活動的樂趣點。

活動之前

- 請決定參加者進行的先後順序。

準備物品

- （圖畫紙或）素描本
- 繪圖或筆記用具

進行方式

1 從第一位參加者開始，不透過文字，以繪畫開始接龍。

▶並非每個人都是繪畫高手，參加者中可能也有對畫畫非常不拿手的人，請工作人員隨時留意。

2 **當第二位參加者接過素描本後，請描繪出前一位參加者所畫出的畫。**

3 **最後，請大家一邊看著圖畫、一邊回答圖的答案是什麼。**

▶將所有完成圖依照進行的先後順序，排列貼出，大家一起觀看，也是種樂趣唷。

POINT

如果無法順利畫出圖的人，工作人員也可以視情況協助代筆。

互動小技巧

「請問這個是什麼呢？」

可能也會出現不知道畫想表達什麼的情況，這也是另一種表現魅力唷。

活動人數：2～10人　　活動時間：20～30分鐘

活動目的：鍛鍊認知能力、聯想力、記憶力

腦力鍛鍊 78

超級填字樂

一般的填字遊戲雖然多半是一個人進行，但若是將謎題版放大，則可以讓更多人一起參與。當填完所有的空格時，參加者可以一起享受這份成就感。

活動之前

- 請將填字遊戲的謎題板放大後，貼在白板上（或牆上）。
- 請參加者坐在可以清楚看見填字謎題板的位置。

準備物品

- 牛皮紙大小的填字謎題板
- 白板

進行方式

1 請工作人員大聲地唸出填字謎題板上的題目。

2 請知道答案的參加者，舉手並說出答案。

▶也可以由工作人員指名由誰來試著回答看看。

3 遊戲一直進行到所有空格都填滿為止。

POINT

有些空格的難度可能會比較高，工作人員也可以適時給予一些提示。

互動小技巧

「OO，請問您知道答案嗎？」

請盡量讓所有參加者都能有機會回答，工作人員可以適度地引導。

活動人數：1～10人　　活動時間：5～10分鐘

活動目的：鍛鍊記憶力、訓練專注力，達到全身運動效果

腦力鍛鍊 79

記憶力體操

在進行體操全身運動的同時，因為需要記住動作，因此也具有鍛鍊記憶力的效果。此外，同時進行超過 2 件事，也對腦部有很大的刺激功效。

活動之前

- 請先預想 4 至 5 種左右的動作。

  例如：舉起右手、舉起左手、舉起雙手、在胸前拍拍手、將雙腳張開

進行方式

1 請工作人員站在參加者的面前，示範第一個動作。參加者請模仿並做出工作人員所示範的動作。

▶第一個動作請先從簡單易做的動作開始。

2 接著第一個動作之後，再加上第二個動作。

3 接著，慢慢地一個動作、一個動作加上去。
當可以做完全部的動作後，就可以結束本活動。

POINT

在開始進行體操之前，請先一邊說明與示範各個分解動作，並一邊帶著參加者練習各個動作。

互動小技巧

「請大家要看仔細唷！」

在進行體操的過程中，有可能會忘記動作或將動作搞混，請適時地出聲提醒參加者，喚回他／她們的集中注意力。

活動人數：一組5人，共3組　　活動時間：15分鐘

活動目的：鍛鍊記憶力、促進人際互動、藉由回憶滿足懷舊情緒

腦力鍛鍊 80 話說年輕時

本活動在喚起參加者學生時代、或是進入社會之後的記憶，說說過去的經驗可以刺激腦部，也可以增進加深參加者彼此之間的人際互動。

活動之前

- 請先將每 5 個人分成一組。
- 請預先想好要當成談話話題的題目，大約 10 題左右。

  例如：職業、學生時代的流行歌曲、出身地、最有印象的電影……等。

準備物品

- 寫上談話話題的卡片

進行方式

1 請每一位參加者圍坐在自己所屬的組別。將桌上的卡片一張一張翻開來，選出一張在組內討論。

▶如果在事前先決定話題卡片的進行順序，將有助於談話會的進行。

2 當組內所有的參加者都輪流說過第一個話題後，接著抽出下一張卡片。

▶當組內成員對某個話題聊得很起勁的時候，也無須強制規定要進到下一個話題。

3 請觀察各組的狀況，在進行得差不多的時候（大約 15 分鐘），結束本活動。

注意！

可能也會有些參加者不想回答或談論某些話題，請工作人員適時地介入，並轉移話題。

POINT

在活動進行中，也可以放一些過去的流行歌曲當作背景音樂，有助於開啟話題，而音樂與歌曲也有激起回憶的效果。

互動小技巧

「也請告訴我吧！」

可能也會有戰爭的話題出現，請工作人員也積極地聆聽這段故事。

活動人數：2～10人　　活動時間：15分鐘

活動目的：鍛鍊認知能力、記憶力，達到手部運動效果

腦力鍛鍊 81

一字引千金

即使是熟悉的慣用詞語，當文字一個一個拆解後，也有可能會想不起來。從一個文字開始，盡可能聯想越多慣用詞語，讓腦袋運轉一下。

活動之前

- 請先預想好要當作題目的文字，大約10題左右。

例如：言、問、思、人、食、生、文、內、技、事

準備物品

- 白板
- 筆記用具
- 便條紙

進行方式

1 請工作人員在白板上寫下一個文字。

2 **請參加者說出相關的單字，並請工作人員將之一一寫在白板上。**

▶請將參加者提到的語詞寫下來唷。

3 **當想不出是否還有其他語詞的時候，則換下一題。**
當預先準備的題目都進行過了之後，結束本活動。

POINT

如果是分隊進行對抗賽，可以請各隊隊員將所知道的答案寫在紙上，之後再看看哪隊答出的語詞多，透過競爭、更能刺激參與度。

互動小技巧

「啊！也有這個詞啊！」

當出現意想不到的詞語時，請鼓勵與讚賞唷。

活動人數：2～10人　　活動時間：15分鐘

活動目的：鍛鍊認知能力、記憶力，達到手部運動效果

腦力鍛鍊 82

部首大挑戰

如同本活動的名稱，這是個從部首來進行猜謎的遊戲。對於印象模糊的字，在聯想過程中，一邊想起什麼字，也能一邊刺激腦部。

活動之前

- 請先預想好要當作題目的幾個部首。
  例如：木部、水部、人部、魚部、鳥部

準備物品

- 白板

進行方式

1 **請工作人員在白板上寫下一個部首。**

請大家想想看，部首是『木』的字有哪一些呢？

木

2 請知道的參加者盡量說出該部首的字，並請工作人員將之一一寫在白板上。

3 大約進行了 15 分鐘之後，結束本活動。

舉例：木部的字

・柿	・檜	・桂	・桃	・桐	・杉
・楓	・樺	・樹	・松	・林	・枝
・杖	・杭	・板	・札	・機	・椅
・枕	・柵	・柱	・核	・桶	・棚

POINT

如果一直無法有答案的時候，工作人員可以在白板上寫下某個字的 2 到 3 筆劃，以作為提示。

互動小技巧

「啊！出現很難的字囉！」

當出現誰都沒有想到的字時，可以請說出這個字的參加者來解釋意思，使其進一步獲得其他人的讚賞。

活動人數：2～10人　　活動時間：10分鐘

活動目的：鍛鍊認知能力、記憶力

腦力鍛鍊 83

難字求解

「為什麼這個字的唸法是這樣呢？」有些字跟我們平常以為的唸法不同，若能夠知道意思，或許就能理解該唸法的原因。本活動既可以增加新知識，也可以刺激腦部唷。

活動之前

- 請預先準備好幾個具特別唸法的文字或語詞，以作為本活動的題目，大約10題左右。

例如：龜（ㄐㄩㄣ）裂、盛（ㄕㄥˋ）開、盛（ㄔㄥˊ）飯

準備物品

- 白板

進行方式

1 **請工作人員在白板上寫下題目。**

2 請知道答案的參加者舉手回答，工作人員可以進一步詢問這個語詞的意思。

3 大約進行 10 分鐘之後，結束本活動。

▶ 可以有效地運用一些話語，使參加者期待下一次的活動。

POINT

有些地名或人名也有特殊的唸法。在準備題目時，可以試試在網路上搜尋「教育部異體字字典」、「教育部成語典」等等。

互動小技巧

「請問您知道這個意思嗎？」

除了唸法之外，加上字或詞語的意思說明，可以延伸溝通人際互動的話題唷。

活動人數：2～10人　　活動時間：5～10分鐘

活動目的：鍛鍊認知能力、記憶力

國旗小百科

本活動從看看不同的國旗，來猜猜是哪一個國家的國旗，可以進一步再談談那個國家的歷史或故事，以增進參加者對於國際社會的了解與興趣。

活動之前

- 請準備好大約 10 個國家左右的國旗作為題目，並同時準備關於這幾個國家的知識與故事。

例如：英國、義大利、中國、印度、俄羅斯、法國、澳洲、美國、韓國、加拿大

準備物品

- 請將國旗列印出來

進行方式

1 請工作人員將國旗舉起來給參加者看，並詢問「請問有人知道這是哪個國家的國旗嗎？」

2 請知道答案的參加者舉手回答。

3 當答出正確答案時，可以進一步再說明該國國旗的意義及該國歷史等，以擴展人際互動話題。

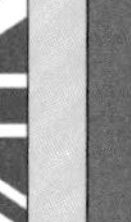

・英國 ・義大利 ・中國 ・印度 ・俄羅斯

・澳洲 ・美國 ・韓國 ・加拿大 ・巴西

POINT

可以找些較為人所熟知的國旗。當無法回答出正確答案時，可以給予一些提示，例如，說說那個國家有名的事件、或是有名的人物……等等。

互動小技巧

「這個國旗的意思是……」

說明國旗或國旗上符號的意思，也可以當作提示唷。

活動人數：2～10人　活動時間：5～10分鐘

活動目的：鍛鍊認知能力、記憶力、聯想力

腦力鍛鍊 85

名產對對碰

本活動是從各地不同的名產，來猜出是哪個縣市、鄉鎮市區的猜謎遊戲。而且，參加者彼此之間還可以從中延伸話題，聊聊彼此的出生地、或是當地美食、旅行景點……等等。

活動之前

- 請預先準備好大約 5 個題目。
  例如：魚丸、阿給、鐵蛋→新北市淡水區名產

準備物品

- 白板

進行方式

1 請工作人員在白板上寫下三個名產。

2 請知道答案的參加者舉手回答。

3 中途加入旅行景點、或是當地美食、當地特色……等話題也 OK。活動大約進行 5 題左右。

POINT

如果無法猜出是哪裡，請再多增加一、兩個提示吧。一個問題，請準備大約 5 個左右的提示唷。

互動小技巧

「有沒有 OO 縣（或鄉鎮市區）出生的人呢？」

如果有該縣市（或鄉鎮市區）出生的人，請務必要邀請他／她來說說家鄉的故事。

活動人數：2～10人　　活動時間：5～10分鐘

活動目的：鍛鍊認知能力、記憶力

縣市大猜謎

這是猜猜「OO 台灣第一」的活動。如果有來自該縣市的人，可以邀請他／她來說說該地的特色，一方面可以增加話題，另一方面則可以增進參加者對彼此之間的相互認識。

活動之前

- 請先準備與各個縣市相關的問題，每一個題目提供 4 個選項，大約準備 10 ～ 15 個題目。

  例如：吃 OO 最多的縣市、OO 生產最多的縣市、台灣最長壽的縣市

進行方式

1 請工作人員出題，並在白板上寫下包括答案在內的 4 個選項。

▶選項請盡量寫成參加者容易看到的字體大小。

2 **依序詢問選項，並請參加者在聽到其認為的正確答案時舉手。**

認為答案是D
的人請舉手。

3 **最後，公布答案，並且可以進一步再加入該縣市相關的話題。**

正確答案是
D，雲林縣！

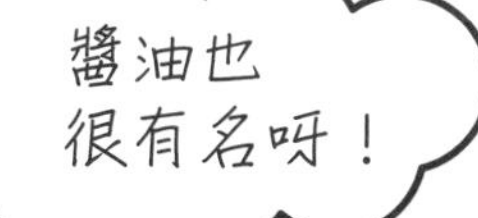

POINT

「認為答案是A的人請舉手」、「認為答案是B的人請舉手」……等等，將答案選項一個一個詢問，請參加者分別舉手回答。

互動小技巧

「答對的人很厲害唷！」

當題目很難時，對於答對的人。請給予鼓勵與讚賞吧。

活動人數：2～10人　　活動時間：15分鐘

遊戲目的：鍛鍊記憶力、引導長者回想

腦力鍛鍊 87 高低比一比

本活動是從不同的物品來比比看「哪一個比較高？」的猜謎活動。在題目中也可以混入一些比較特殊的事物，以擴展討論話題。

活動之前

- 請先準備與「高度」及「體積大小」等有 2 個比較選項的相關問題。
  例如：台北 101 及高雄 85 大樓，哪一個比較高？美金 1 元及新台幣 1 元，哪一個比較多？

進行方式

請工作人員出題，問問參加者「哪一個比較高？」或「哪一個比較大？」等問題，之後公布答案。

POINT

也可以混入像是工作人員的身高、或是參加者熟悉的事物等問題，可以提升親近度與參與的熱情。

互動小技巧

「請問有人知道這有幾公尺高嗎？」

在公布答案之後，可以進一步以該事物為題，延伸話題。

記憶型

準備無

遊戲人數：2 ～ 10人　　遊戲時間：5 ～ 10分鐘

遊戲目的：鍛鍊記憶力、引導長者回想

腦力鍛鍊 88 時代大偵探

這是從不同時期的照片來找出不同處的活動，也可以喚起以往的回憶。為了加強謎題之相異處的難度，當作謎題的照片，請注意解析度的處理。

活動之前

・請將老照片以現代化的方式來顯影，或是將現代的照片以復古的方式顯影，照片影像大約準備 5 ～ 6 張（可以使用 Powerpoint 投影片來製作）。

例如：現代的居家擺設，但是有黑色舊式電話機、或是將民國四十或五十年代的黑色照片，轉換為彩色照片

準備物品

・A3 大小當成謎題的圖片

進行方式

請參加者仔細看一看照片，從照片中找出與時代不一致之處。

▶當參加者指出答案時，可以邀請他／她們說說那個年代的故事與回憶。

POINT

當作題目來使用的照片，也可以從網路上下載合法可公開使用的照片。請選擇可以清楚辨別不同年代的照片。

互動小技巧

「請問這張照片哪裡看起來怪怪的呢？」

邀請參加者仔細地看看照片，找一找不太對應的地方。

活動人數：2～10人　活動時間：30分鐘

遊戲目的：鍛鍊記憶力、認識圖形

腦力鍛鍊 89

一起來環島

本活動的進行方式是將台灣地圖放大，並且將各縣市的形狀做成一片一片的拼圖，邀請參加者共同來完成台灣地圖。

活動之前

- 請先將台灣地圖放大影印之後，貼在白板上（或牆上）。
- 接著，決定參加者的先後進行順序。

準備物品

- 台灣各縣市形狀的拼圖
- 放大版台灣地圖的影印

準備物品

進行方式

請參加者將台灣各縣市形狀的拼圖，一一拼在台灣地圖的放大版影印圖上。當完成台灣地圖之後，也請寫上各個縣市的名稱吧。

POINT

各縣市形狀的拼圖大小，請儘量放大到讓參加者容易辨識與拿取的大小。

互動小技巧

「啊，那裡是OO縣唷！」

當參加者放錯位置時，請以幽默的口吻來提醒唷。

記憶型

準備多

第 4 章

跟著音樂動一動（音樂律動活動）

音樂可以讓心情、身體、頭腦達到放鬆的效果，而且也能營造氣氛，調整情緒。本章將介紹幾種跟著音樂律動的活動，聽聽以往熟悉的歌曲，隨著旋律擺動身體，開心地動一動吧。跟著活動中所播放的音樂，一邊唱歌，可以提高心肺功能，也具有語言訓練的效能。

活動人數：2～10人　　活動時間：30分鐘

活動目的：訓練發聲、藉由回憶滿足懷舊情緒

音樂律動 90 歡樂歌聲想

本活動的進行方式是從聽前奏來猜猜是哪一首歌曲，猜出正解後，邀請所有參加者一起來合唱這首歌。

活動之前

・請先調查好參加者熟悉的歌曲。

準備物品

・音樂播放器或電視　・CD、伴唱 DVD 等等

進行方式

1 請工作人員播放歌曲的前奏，然後問問參加者：「請問這是什麼歌呀？」

2 請知道的參加者舉手回答。

3 當答出正解時，請大家一起唱這首歌吧。

▶工作人員若能在事前先將歌詞或伴唱 DVD 準備好，在合唱時呈現給大家看，則更能使參加者融入歌唱的歡樂氛圍中。

POINT

除了歌名以外，也可以問問參加者，是否知道這首歌的主唱者是誰。

互動小技巧

「OO 的主題曲是第 18 首唷！」

也請準備好參加者固定會在卡拉 OK 唱的歌曲唷。

活動人數：1～10人　　活動時間：5～10分鐘

活動目的：鍛鍊節奏感、達到手臂與腳部運動效果

音樂律動

91 律動伸展操

本活動運用瑜伽伸展帶來進行體操，也可以使用毛巾替代。讓全身跟隨著音樂，快樂地動一動吧。

活動之前

- 請先選好童謠或是容易讓身體跟上節奏律動的歌曲。
  例如：「喔喔喔喔，你是我的花朵……」
- 請於事前從下列幾種動作中，選出 4 種動作。

準備物品

- 瑜伽伸展帶或長條運動型毛巾

將雙手
盡量向兩側平伸

將右手腕
向上伸展開來

將左手腕
向上伸展開來

將雙膝
向兩側伸展

將右腳
向上舉起

將左腳
向上舉起

進行方式

1 請工作人員坐在參加者的前方，一邊跟著音樂律動、一邊示範動作。

律動體操一首歌曲大約進行 2 次左右的時間長度。

喔喔喔喔～

你是我的花朵～

我要擁有你～

插在我心窩～

▶在第 2 次時，節奏可以加快一些。

注意！

身體同一個部位連續運動的話，容易疲累，請以手腕→腳部的不同部位交錯進行。

互動小技巧

「如果會累的話，請休息一下唷！」

請塑造一種不需要勉強自己、隨時可以休息的輕鬆氣氛。

活動人數：1～10人

活動時間：5分鐘

活動目的：訓練手指靈活度與協調性

音樂律動 92

手指體操

跟著歌曲、動動拇指與小指頭。一開始手指可能會無法如自己所想的方式順利動作，但是在有意識地狀況下運動手指，既可刺激腦部，也有預防失智症的效果。

活動之前

- 請在活動開始之前，說明與示範分解動作。

進行方式

1 請一邊唱歌、一邊變換拇指與小指頭的動作。

哈囉

你好

烏龜

先生

烏龜

小姐

2 當動作熟練之後，可以變換動作、左右對調。

哈囉

你好

烏龜

先生

烏龜

小姐

3 進行了大約 3 輪左右，甩甩手、放鬆一下，確認手部的疲累狀況，結束本活動。

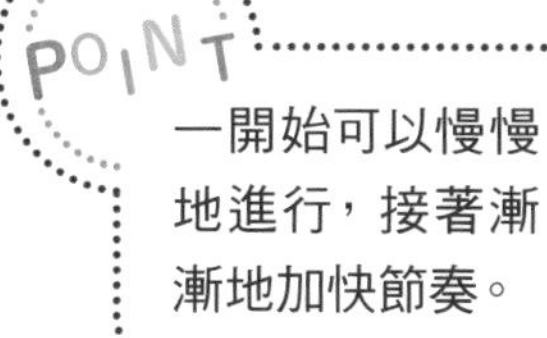

POINT

一開始可以慢慢地進行，接著漸漸地加快節奏。

互動小技巧

「雖然有一點難度，可是也可以讓我們的頭腦運轉一下唷！」

請說明手指體操的效能，有強化參加者參與動機的效果唷。

活動人數：2～10人　　活動時間：5分鐘

活動目的：訓練發聲、鍛鍊節奏感、達到手部運動效果

音樂律動 93

同韻拍拍手

本活動是唱著熟悉與懷念的歌曲，隨著節奏拍手的活動。小時候耳熟能詳的歌曲，較能引起大家的共鳴與喚起共同記憶吧。

活動之前

- 請在白板上寫下歌詞，把同韻母的尾字圈起來。
- 請參加者圍坐在看得到白板上歌詞的位置。
- 事前請練習歌曲與配合的動作。

準備物品

- 白板

進行方式

1 一邊唱歌、一邊於歌詞中同韻母的尾字處拍手。

▶如果無法拍手、或未能跟上節奏拍手的人，一起唱歌也很有參與感唷。

2 當熟悉了歌曲的韻律之後，可以加快節奏唷。

▶圍成一圈，參加者們也可以看到彼此的臉部表情與樣子，更能增加活動的樂趣。

3 最後，全員一起深呼吸，作為活動的結尾。

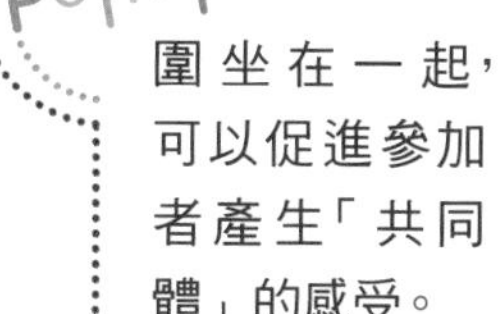

圍坐在一起，可以促進參加者產生「共同體」的感受。

互動小技巧

「在有 O 音（歌詞中韻母相同的尾字）的地方要拍手唷！」

請在一開始，先將遊戲規則說明清楚。

活動人數：1～10人　　活動時間：5分鐘

活動目的：訓練手指靈活度與協調性

音樂律動

94 手指數字操

一邊配合著數唱數字，一邊將手指開合數算。這是手指控制訓練的活動，同時也能刺激腦部的效能。

活動之前

- 請事前說明手指數算的動作。

進行方式

1 一邊數唱、一邊將手部從握拳的動作開始，一一將手指頭伸開來數算數字。

1、2、3

2、4、5

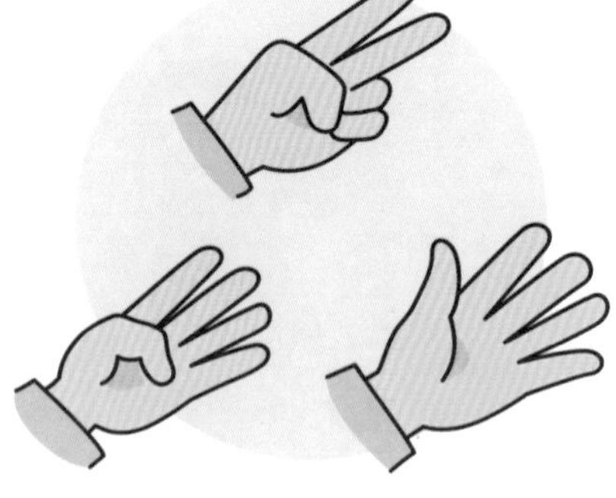

3、1、2、4

2、4、5

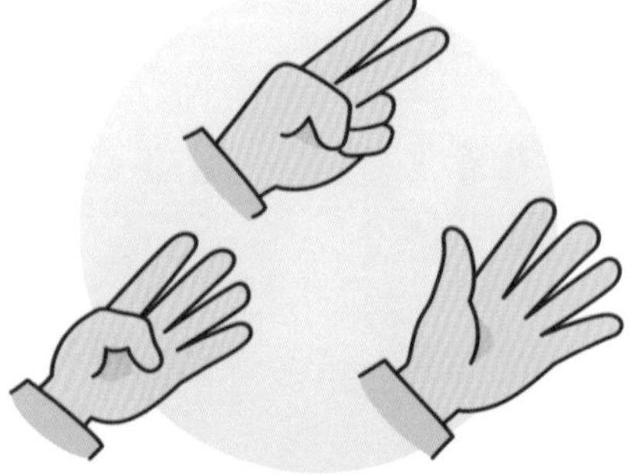

2 **接著反過來，將手指從手掌打開的狀態，跟著數數、向手心處折下來。**

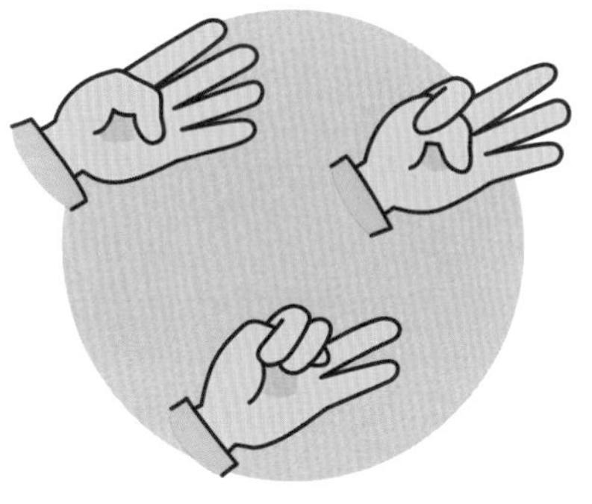

2、4、5

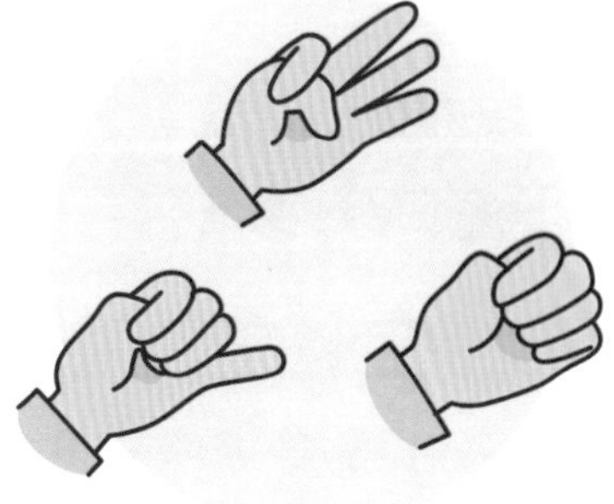

3、1、2、4

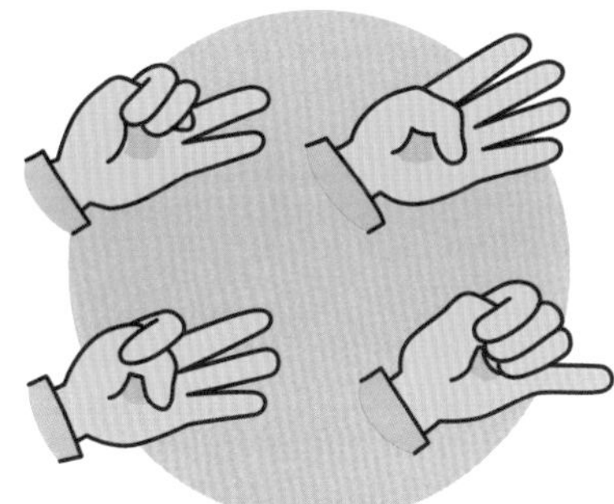

2、4、5

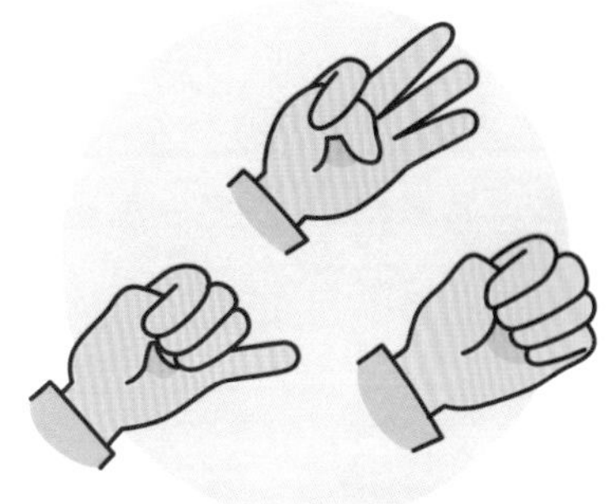

3 **可以改變數數字的節奏，將手指向上打開及向手心處折回的動作，各做 3 回合之後，結束本活動。**

POINT

當參加者都熟悉之後，可以加快數數字的節奏唷。

互動小技巧

「只有 5（跟得上）也沒有關係唷！請以您跟得上的速度！」

運動手指有困難、無法跟上節奏的話，只有數字 5 跟得上也沒關係唷。

活動人數：1～10人　　活動時間：5分鐘

遊戲目的：訓練發聲、達到手臂運動效果

音樂律動 95

歌唱對抗賽

本活動是唱歌與體操動作同步進行的活動，但以不要過度勞累為前提。2 隊成員互相面對面而坐，自己的動作反而容易受到對方隊伍的動作所影響，而提高活動的難度。

活動之前

・請先想好配合歌曲的動作。

例如：將雙手手掌打開 2 次、將雙手舉高 2 次、單腳向上抬高 2 次、雙手交叉拍拍雙肩 2 次

進行方式

選一首歌，一邊唱歌，一邊配合歌曲、運用手部做出不同的動作。

POINT

太多動作的話，容易混淆。因此，建議以 2 種左右的動作來進行為佳。

互動小技巧

「太厲害了，大大成功唷！」

當兩隊都沒有被對方的動作影響到，而順利完成的話，要記得歡呼鼓勵一下唷。

中型活動

準備 無

讓手動一動（手作類活動）

集中在手部動作的同時，也有活化腦部的效能。本章將介紹「手工藝」與「料理烹飪」的相關活動。可以邀請對於裁縫或烹飪較為拿手的參加者來擔任講師。若能配合季節變化，選擇手作裝飾品或季節性料理，則更能感受四季的推移。

活動人數：1～10人　　活動時間：40分鐘

活動目的：訓練專注力、引導長者回想，訓練手指靈活度與協調性

手作體驗 96 手工面紙隨身包

準備物品

- 花布（寬度 19 公分、長度 15 公分）
- 縫線
- 縫針
- 縫邊布
- 熨斗
- 裁縫用紅色鉛筆

進行方式

1. 請將花布的兩端，分別向內折約 1 公分。接著，用熨斗燙平。

2. 請將要縫紉之處，以裁縫用紅色鉛筆打底、畫出直線。

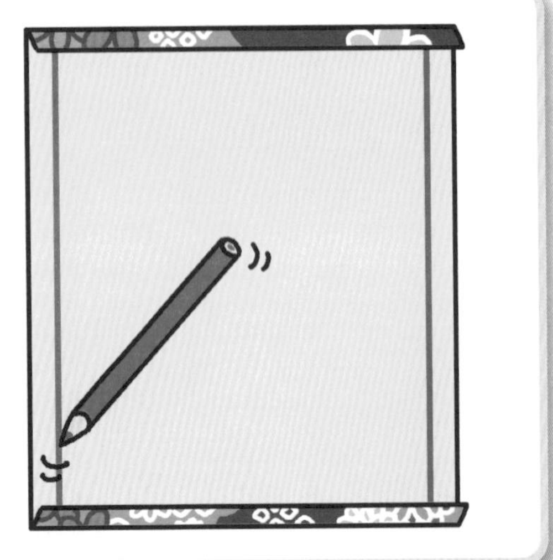

3 請將花布由兩側向中心折成等分。

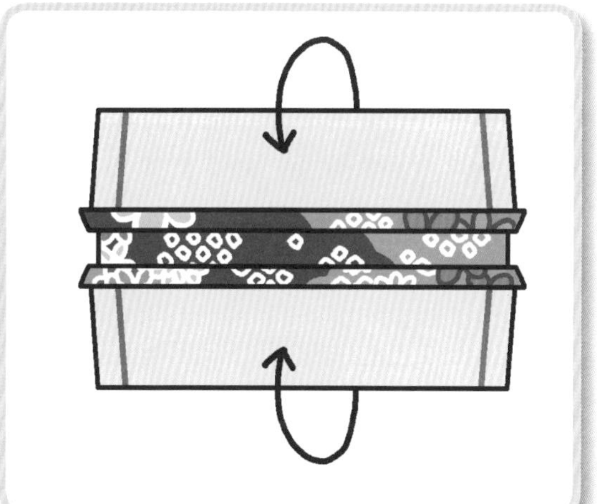

4 接著，將剛剛用熨斗燙平的地方，包上邊布縫起來。

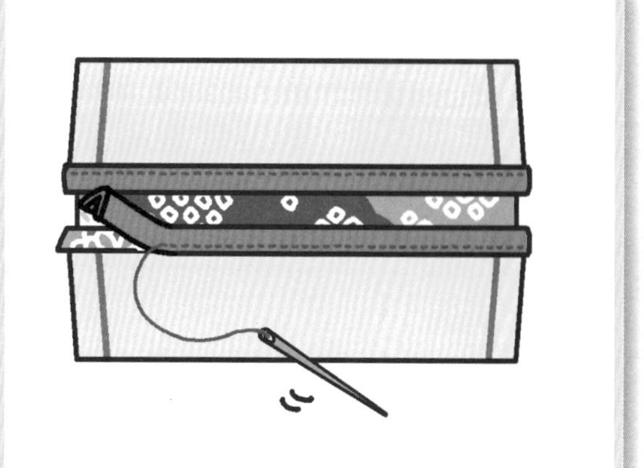

5 然後，請沿著剛剛以紅色鉛筆畫出的線，縫起來。

6 縫好之後，將有花色的那一面花布翻過來，就完成成品囉！

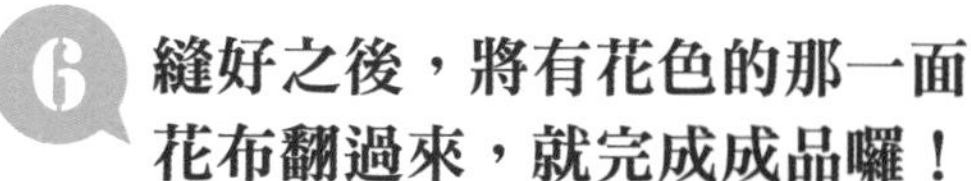

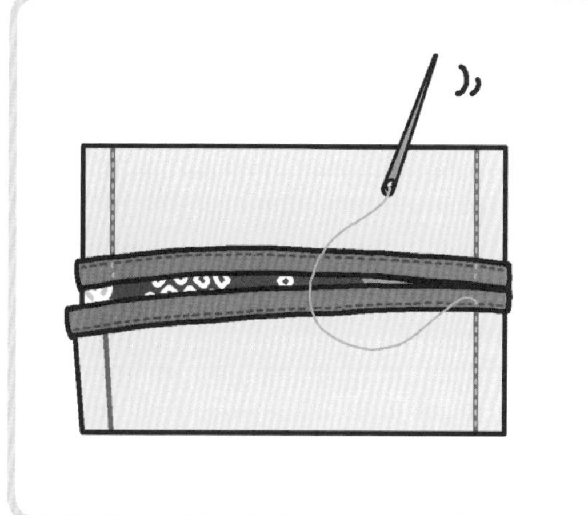

POINT

當參加者在使用針線的時候，請工作人員在一旁留意，不要讓參加者刺到自己的手。當參加者在進行縫製的時候，也會想起過往的經驗，有助於活化腦部。

互動小技巧

「您縫得很漂亮呢！」

若有對縫紉很拿手的參加者，可以邀請他擔任講師或小幫手，一邊教其他人，一邊做出自己的成品，也能有助於促進參與意願。

活動人數：1～10人　活動時間：40分鐘

活動目的：訓練專注力、訓練手指靈活度與協調性

手作體驗 97 手工壁掛飾品（中秋賞月）

準備物品

- 硬紙板（可用紙箱裁剪成直徑 14 公分的圓形）
- 布（寬 18 公分 X 長 18 公分）
- 各種不織布
- 棉花球
- 棉
- 線
- 麻線
- 串珠
- 白膠
- 剪刀

進行方式

1. 請將圓形厚紙板以準備好的布包起來，用白膠黏貼。黏貼到作品最上方的時候，請將要當作吊掛處的繩結事先做好、一起黏貼上去。
2. 請將不織布裁剪成兔子、月亮、草、碗盆的形狀。裁剪這些形狀之前，可以先用鉛筆在背面打底、畫出形狀，之後會比較好裁剪。剪好之後，再使用串珠將兔子的眼睛黏上去。
3. 請參考範本，將各種形狀裁剪下來的不織布，以白膠黏貼到圓形底板上。
4. 接著，以棉花球做成麻糬狀，黏貼在碗盆的上面。
5. 最後，將麻線的一端，弄成鬚鬚狀，黏貼上去之後，完成本作品。

POINT

當參加者在使用剪刀的時候，請工作人員在一旁留意，不要讓參加者刺傷到手。如果有使用剪刀不順的人，請工作人員適時地協助。

遊戲人數：1～10人　　遊戲時間：30分鐘

遊戲目的：訓練專注力、訓練手指靈活度與協調性

手撕紙創作

準備物品

- 美術紙（色紙）※ 當作背景用
- 紙袋 ※ 尺寸大於寬 15 公分、長 21 公分
- 色紙 ※ 當作撕紙畫用
- 棉線
- 剪刀
- 膠水

進行方式

❶請將當作背景用的美術紙，裁剪成正面紙袋的形狀兩張。（視紙袋大小）。

❷在裁剪好之後，將步驟❶的背景紙中間塗上膠水。

❸接著，請將色紙撕成竹、花、松等形狀。在進行撕的動作之前，可以先用鉛筆在色紙上打底、畫出形狀。

❹將各種造型撕好之後，請參考範本、將之黏貼到背景板上，再黏貼在紙袋前後，完成本作品。

有些參加者可能無法順利地撕出想要的形狀，請盡量讓每位參加者自己進行，但請工作人員在一旁留意，對於太過細緻的動作，請工作人員適時地協助。

活動人數：一組5～6人，共6組　　活動時間：40分鐘

活動目的：訓練專注力、訓練手指靈活度與協調性、引導長者回想

手作體驗 99

日式料理散壽司

準備食材

- 食材（5～6人份）
- 白飯（或醋飯）：300～450公克
- 散壽司的調味包：1包
- 蛋：依人數，每人1顆
- 冷凍蝦仁：依人數，每人2尾
- 碗豆莢：適量調整
- 海苔：適量

進行方式

1. 請將事前煮好的飯，倒入碗盤中，加入散壽司的調味包，攪拌均勻之後，放置於一旁靜待冷卻。
2. 請將碗豆莢去筋洗淨，置在熱水中滾煮1分鐘。煮熟之後，將碗豆莢對半斜切。
3. 請將蛋煎出厚度，並使用花型或其他造型的食物模型，做出不同的煎蛋造型。
4. 接著，請繼續使用剛剛煮碗豆莢的熱水，將冷凍蝦仁放入熱水中煮熟之後，放到冷水中靜待冷卻。
5. 最後，請將拌勻冷卻的白飯，盛裝到盤中，並將備好的各種食材，依喜歡的方式放上去裝飾，完成。

POINT

如果有對於烹飪拿手或喜歡烹飪的參加者，也可以不使用市售的散壽司調味包，而從壽司醋飯的調味料開始調製。此外，若能夠事前先將每個人的任務分工安排好，在烹飪進行時將能更順利。

遊戲人數：一隊5人，共6隊　　遊戲時間：30分鐘

遊戲目的：訓練專注力、藉由回憶滿足懷舊情緒、訓練手指靈活度與協調性

手作體驗 100 紅豆涼圓

準備食材

- 食材（5 人份，1 人 3 個）
- 甘藷粉：100 公克
- 砂糖：70 公克
- 水：400 C.C.
- 市售紅豆泥：300 公克

進行方式

1. 請將甘藷粉加入砂糖與水，攪拌均勻。
2. 接著，請將步驟1以火加熱，以木匙持續攪拌，避免使其燒焦，直到呈現半透明狀態的糊糊狀。
3. 再來，請將烹調紙裁成適當的大小，將步驟2的甘藷糊以大湯匙舀一匙的量，放到裁好的烹調紙上面，並舀一小湯匙紅豆泥，放在甘藷糊的中心，將烹調紙以繩子或橡皮筋綁起來。
4. 然後，請拿一個小鍋將水煮開，將步驟3的烹調紙甘藷粉球放入鍋中，滾煮約 7 ～ 8 分鐘，之後舀起涼圓、放入冰水中冷卻。
5. 最後，將烹調紙撕開，將透明狀的涼圓盛裝至盤中，完成。

POINT

1. 為了不讓餡料流出來，在包成圓球狀的時候，請注意要確實包緊。如果手勁不夠的人，請工作人員適度地協助。
2. 為避免參與者在吞嚥時不小心噎住，請工作人員協助將涼圓剪成細小塊，淺嚐即可。

傳統節慶與季節料理

在一年之中，有許多傳統的節慶，也有一些特別在該節慶時才會吃的特色料理，節慶與食物，有著密不可分的關係。在此介紹一些季節料理與節慶料理，當閱讀本書的您們在安排相關活動時，也可以作為參考。

月份	節慶	料理
1月	春節（農曆1月1日）	年糕、發糕、餃子、八寶飯、長年菜……等等
1月	元宵節（農曆1月15日）	元宵（湯圓）
4月	清明節（國曆4月5日）	麵龜、米糕、潤餅、草仔粿、紅龜粿
5月	端午節（農曆5月5日）	粽子
7月	七夕（農曆7月7日）	芋頭油飯、麻油雞飯
8月	中秋節（農曆8月15日）	月餅、柚子
9月	重陽節（農曆9月9日）	重陽糕
12月	冬至（國曆12月22日）	湯圓
12月	尾牙（農曆12月16日）	潤餅、刈包

（※ 資料參考自《交通部觀光局》網頁 https://www.taiwan.net.tw/m1.aspx?sNo=0020552 及部落格 https://blog.xuite.net/ga1990217/twblog/182544942- 台灣的節慶飲食）

各縣市著名特色小吃

在進行鄉土料理的活動時，可邀請該縣市出身的參加者來擔任講師，賦予其不同的任務。台灣的特色小吃豐富又多元，無法一一列舉，因此簡單將各縣市著名的特色小吃與眾所皆知的名產分別表列 3 個如下，安排活動時，請參考並試著做做看吧。此外，還有許多好吃的家常菜與小吃、甜點，也可以在安排活動時，找找各式食譜唷。

縣市	特色小吃	縣市	特色小吃
臺北市	滷肉飯、鳳梨酥、滷味	新北市	金牛角麵包、臭豆腐、鐵蛋
桃園市	豆乾、花生糖、過橋米線	新竹市／縣	米粉湯、貢丸、桔醬
苗栗縣	柿餅、豆腐乳、糍粑	臺中市	太陽餅、芋頭酥、奶油酥餅
彰化縣	肉包、麵線糊、肉圓	南投縣	意麵、香蕉酥、枝仔冰
雲林縣	蚵仔煎、蚵嗲、薑汁番茄	嘉義市	雞肉飯、涼肉圓、沙鍋魚頭
嘉義縣	粉條冰、新港飴、方塊酥	臺南市	鱔魚意麵、棺材板、擔仔麵
高雄市	黑輪、羊肉爐、木瓜牛奶	屏東縣	萬巒豬腳、燒冷冰、綠豆蒜
宜蘭縣	蔥油餅、牛舌餅、米粉羹	花蓮縣	麻糬、剝皮辣椒、奶油酥條
臺東縣	卑南肉包、石板烤肉、地瓜酥	澎湖縣	黑糖糕、米豆湯、仙人掌冰
金門縣	蚵仔麵線、牛肉乾、貢糖	連江縣	馬祖漢堡、魚麵、芙蓉酥

（※ 資料參考自《iPeen 愛評網－美食頻道》https://www.ipeen.com.tw/ 及維基百科 https://zh.wikipedia.org/wiki/ 台灣小吃及各縣市政府官網）

育成基金會——終生守護憨兒

育成基金會成立於 1994 年，除致力於心智障礙者的幼兒早期療育、成人安置照顧、就業服務與家庭支持服務外，更積極爭取資源支持心智障礙者走出家庭、融入社會、學習自立生活；近年亦著力在憨兒終老照顧、社區式支持服務，並擴展心智障礙者的手足支持，每年服務超過一萬名身心障礙者及其家庭。

1 遲緩兒早期療育服務

2 老憨兒專屬服務照顧

3 身心障礙者就業服務

4 成人智障者照顧服務

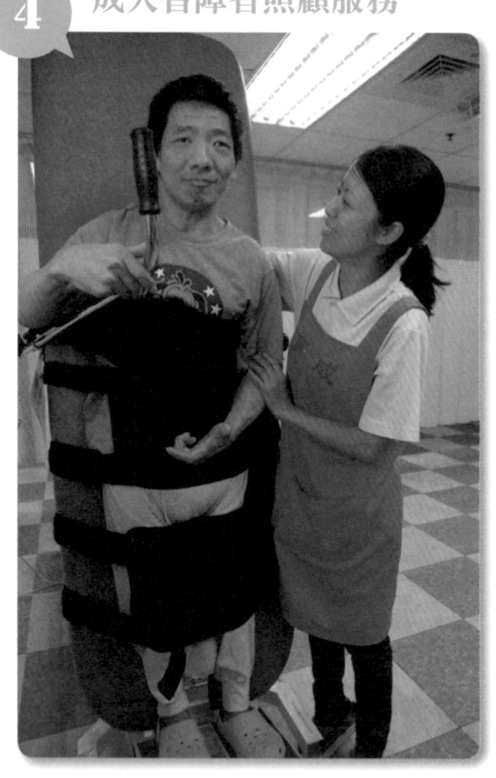

育成線上捐款

電子發票愛心碼

7085（請您幫我）

育成社會福利基金會
Yu-Cheng Social Welfare Foundation

舒活家系列 HD2042X

樂活暢銷修訂版・NEW・

全彩圖解 100種樂齡活動這樣玩！

開心動一動，減緩腦部退化、活化身體機能、提升生活品質

監　　修／加藤翼
譯　　者／高雅郁
總 審 定／賴光蘭
選　　書／梁瀞文
責任編輯／梁瀞文

行銷經理／王維君
業務經理／羅越華
總 編 輯／林小鈴
發 行 人／何飛鵬
出　　版／原水文化
台北市南港區昆陽街16號4樓
電話：02-2500-7008　傳真：02-2502-7676
網址：http://citeh2o.pixnet.net/blog　E-mail：H2O@cite.com.tw
發　　行／英屬蓋曼群島商家庭傳媒股份有限公司城邦分公司
台北市南港區昆陽街16號5樓
書虫客服服務專線：02-25007718；02-25007719
24小時傳眞專線：02-25001990；02-25001991
服務時間：週一至週五上午09:30-12:00；下午13:30-17:00
讀者服務信箱E-mail：service@readingclub.com.tw
劃撥帳號／19863813；戶名：書虫股份有限公司
香港發行／香港灣仔駱克道193號東超商業中心1樓
電話：852-25086231　傳眞：852-25789337
電郵：hkcite@biznetvigator.com
馬新發行／城邦（馬新）出版集團 Cite (M) Sdn Bhd
41, Jalan Radin Anum, Bandar Baru Sri Petaling,
57000 Kuala Lumpur, Malaysia.
電話：603-9056-3833　傳眞：603-9057-6622　電郵：services@cite.my

攝　　影／今野完治
插　　畫／わたなべふみ、寺崎愛、パント大吉、SMILES FACTORY

美術設計／鄭子瑀
印　　刷／卡樂彩色印刷有限公司
初　　版／2019年5月02日　初版5.3刷／2022年8月02日
暢銷修訂版／2023年3月16日　暢銷修訂版2刷／2024年5月14日
定　　價／550元
I S B N／978-626-7268-18-6

"OTOSHIYORI TO COMMUNICATION GA FUKAMARU! TANOSHIKU MORIAGARU RECREATION 100" supervised by Tsubasa Kato

Original Japanese edition published by NATSUME SHUPPAN KIKAKU CO., LTD.

This Traditional Chinese edition is published by arrangement with NATSUME SHUPPAN KIKAKU CO., LTD., Tokyo in care of Tuttle-Mori Agency, Inc., Tokyo through Future View Technology Ltd., Taipei.

國家圖書館出版品預行編目資料

全彩圖解100種樂齡活動這樣玩！ 開心動一動，減緩腦部退化、活化身體機能、提升生活品質 / 加藤翼監修；高雅郁譯. -- 二版. -- 臺北市：原水文化出版：英屬蓋曼群島商家庭傳媒股份有限公司城邦分公司發行, 2023.03
面；　公分. --（舒活家系列；HD2042X）
譯自：楽しく盛り上がるレクリエーション100：お年寄りとコミュニケーションが深まる！
ISBN 978-626-7268-18-6（平裝）

1.CST: 老人養護　2.CST: 休閒活動

544.85　112002476